네이티브가 가장 많이 쓰는

영어회화 필수패턴

네이티브가 가장 많이 쓰는

영어회화
필수패턴

초판 1쇄 발행   2013년 09월 15일
개정 4쇄 발행   2025년 07월 20일

지은이   라이언 강, 니키
펴낸이   홍성은
펴낸곳   바이링구얼
교정·교열 김지선
디자인   이초희
출판등록 2011년 1월 12일
주 소   서울 마포구 월드컵북로 5나길 18, 217호
전 화   (02) 6015-8835   팩스 (02) 6455-8835
메 일   nick0413@gmail.com

ISBN   979-11-85980-04-1 13740

• 잘못된 책은 구입한 서점에서 바꿔 드립니다.

네이티브가 가장 많이 쓰는

영어회화
필수패턴

라이언 강 & 니키 지음

바이링구얼

preface

서점에 가보면 패턴으로 공부하는 영어책이 정말 많죠? 영어패턴에 단어만 집어넣으면 누구나 쉽게 영어가 된다고 하잖아요. 그런데 이 패턴이란 원래부터 정해져 있는 것이 아니라, 영어를 배우는 사람들이 좀 더 쉽게 영어회화를 하기 위해 일부러 만든 것이에요. 이 중에는 정말 원어민들이 즐겨 쓰는 활용도 높은 패턴이 있는가 하면, 특정 표현으로는 자주 쓰이지만 패턴이라고 하기에는 억지스러운 것들도 많아요. 책을 한 권 만들려면 기본적으로 어느 정도 분량이 되어야 하는데, 그러기 위해서 잘 활용되지 않는 것도 구색을 갖추기 위해 억지로 패턴을 만드는 경우가 좀 있는 것 같아요. 그래서 시중에 나와 있는 패턴 영어책들을 보다 보면 "이걸 패턴이라고 할 수 있나?" 싶은 것들을 자주 보게 되죠.

진정한 '패턴'이란 한가지 패턴을 가지고 실제로 네이티브들이 다양한 문장으로 사용할 때, 그것이야말로 진짜 '패턴'이라고 할 수 있어요. 이런 패턴을 학습하면 단 한 가지 패턴으로도 다채로운 말을 구사할 수 있지만, 억지스러운 패턴으로는 자연스러운 문장이 아니라 어색한 문장을 만들기 십상이에요. 이 책은 구색을 갖추기 위한 패턴들은 모두 배제하고, 네이티브가 정말 많이 쓰는 활용도 높은 패턴만 모았습니다. 예문도 모두 현지에서 많이 쓰이는 문장들로만 구성했어요. 이 책의 활용법을 잘 읽어 보고 그대로 따른다면, 분명히 여러분의 영어실력이 한 단계 더 올라갈 거라고 확신합니다.

How to Use This Book

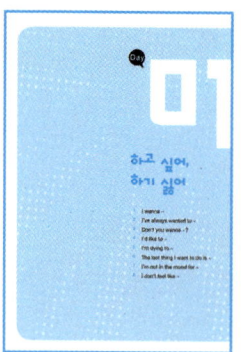

이 책은 총 32개의 파트, 215개의 패턴으로 구성되어 있어요. 하루에 한 파트씩 공부하면 32일 만에 '영어회화 필수패턴'을 마스터할 수 있습니다.

1 영어회화 필수 패턴

네이티브가 실생활에서 가장 많이 쓰는 패턴만 선별했어요. 영어를 공부하는 사람이라면 꼭 알아야 할 필수 패턴들이에요.

2 패턴 설명

이 패턴이 어떤 상황에서 어떻게 쓰이는지 쉽게 이해할 수 있도록, 다양한 예를 들어 최대한 자세하게 설명했어요. 유사 패턴이나 헷갈리지 말아야 할 패턴 등도 함께 소개합니다.

3 패턴 활용 연습

이 패턴을 활용한 다양한 문장을 통해 이 패턴의 사용법을 익힙니다. 실제로 많이 쓰이는 문장들을 예로 들었으니 이대로 외워두면 나중에 바로 써먹을 수 있어요. 예문을 눈으로만 보지 말고, mp3파일을 듣고 네이티브의 발음과 억양을 흉내 내며 소리 내어 읽어보세요. 소리 내어 읽으면 눈으로 보는 것보다 학습 효과가 10배나 더 높아진답니다. 여러 번 따라 읽었다면 영어문장을 손으로 가리고 한글해석만 보고 영어문장을 말해보세요.

4 실전 회화 훈련

실생활에서 이 패턴을 사용하는 훈련입니다. 예문을 위한 예문이 아니라 실제로 네이티브가 많이 쓰는 자연스러운 대화문으로 구성하였습니다. 먼저 전체 대화문을 읽고 나서 빈칸에 들어갈 문장을 만들어보세요. 문장을 완성했다면 아래에 나와 있는 답을 확인해보세요. 그리고 역시 mp3파일을 듣고 네이티브의 발음과 억양을 흉내 내며 소리 내어 읽어보세요.

5 주요 어휘

본문에 나왔던 어렵거나 중요한 단어와 표현에 관해 설명합니다.

패턴 집중 트레이닝

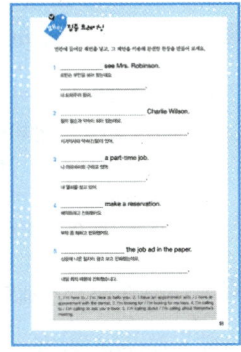

각 파트의 마지막에는 그 파트에 나왔던 모든 패턴을 제대로 학습했는지 확인하는 연습문제가 나옵니다. 각 연습문제는 두 개의 문제로 구성되어 있어요. 먼저 첫 번째 문장에서는 빈칸에 맞는 패턴을 집어넣고, 두 번째는 그 패턴을 이용해서 완전한 문장을 직접 만드는 거예요. 패턴 문제에서 영작과 프리토킹까지, 단계별로 스킬을 향상시키는 효과적인 방법이에요.

contents

Day 1 하고 싶어, 하기 싫어

001	I wanna ~ ~하고 싶어, ~가 되고 싶어	14
002	I've always wanted to ~ 나 항상 ~하고 싶었어	15
003	Don't you wanna ~? 너 ~하고 싶지 않아?	16
004	I'd like to ~ ~하고 싶어요	17
005	I'm dying to ~ ~하고 싶어 죽겠어	18
006	The last thing I want to do is ~ 난 정말 ~하고 싶지 않아	19
007	I'm not in the mood for ~ 나 ~할 기분이 아니야, ~은 내키지 않아	20
008	I don't feel like ~ ~하고 싶지 않아, ~할 기분이 아니야	21

Day 2 참을 수 없어

009	I can't wait to ~ 빨리 ~하고 싶어, ~을 못 기다리겠어	25
010	My ~ is/are killing me ~가 아파 죽겠어	26
011	I can't help -ing ~하지 않을 수 없어, 계속 ~하게 돼	27
012	I can't stop -ing ~을 멈출 수가 없어, 계속 ~하게 돼	28
013	I can't stand ~ ~을 참을 수 없어	29
014	I can't believe ~ ~라니 믿기지 않아, ~라니 안 믿어져	30

Day 3 할게, 할 거야

015	I'm going to ~ 나 ~할 거야, 나 ~하려고 해	34
016	When are you going to ~? 너 언제 ~할 거야?	35
017	I'm willing to ~ 나 기꺼이 ~할게, 기꺼이 ~할 의향이 있어	36
018	I'm ready to ~ 나 ~할 준비됐어	37
019	I was just about to ~ 나 막 ~하려던 참이었어	38
020	I've decided to ~ 나 ~하기로 결정했어	39
021	Let me ~ 내가 ~할게, 내가 ~하게 해줘	40
022	I'll take care of ~ ~는 내가 할게, ~는 내가 돌볼게	41
023	I'll go get ~ 나 ~ 가지고 올게, 나 ~하러 갈게, 나 ~하고 올게	42

Day 4 ~하려고, ~때문에(목적)

024	I'm here to ~ ~하러 왔어요	46
025	I have an appointment with ~ ~와 약속이 있어, ~와 약속이 되어 있는데요	47
026	I'm looking for ~ ~을 찾고 있어요, ~을 구하고 있어요	48
027	I'm calling to ~ ~하려고 전화했어요	49
028	I'm calling about ~ ~때문에 전화했어요, ~ 보고 전화했는데요	50

Day 5 ~해줄래요?, ~해도 돼요?

029	Can I get ~? ~ 주세요, ~ 줄래요?, ~해줄래요?	53
030	Can I have ~? ~ 좀 주시겠어요?, ~해도 될까요?	54

031	I'll have ~ ~ 먹을래, ~로 할게, ~ 주세요	55
032	Can you get me ~? ~ 좀 가져다 줄래?, ~ 좀 사다 줄래?, ~ 좀 구해줄래?	56
033	Can you help me with ~? 나 ~하는 것 좀 도와줄래?	57
034	Do you mind if I ~? ~해도 되나요?/될까요?	58

Day 6 ~해줄까요?

035	Can I get you ~? ~ 가져다 드릴까요?	62
036	Do you want me to ~? 내가 ~할까?	63
037	Would you care for ~? ~ 드시겠어요?, ~ 드릴까요?	64
038	Would you like ~? ~ 드릴까요?, ~ 하시겠어요?	65
039	Would you like to ~? ~ 하시겠어요?, ~하실래요?	66
040	Here is/are ~ 여기 ~ 있어요	67

Day 7 ~하는 게 어때?, ~하자

041	How about ~? ~는 어때? ~하는 건 어때?	71
042	What about ~? ~는 어쩌고? ~는 어때?	72
043	Let's go for ~ ~하러 가자	73
044	Let's talk over ~ ~하면서 얘기하자	74
045	Let's not ~ ~하지 말자	75
046	Why don't you ~? ~하는 게 어때?, ~하지 그래?	76
047	Why not ~? ~하는 게 어때?, ~하지 그래?	77
048	Why don't we ~? 우리 ~하는 게 어때?, 우리 ~할까?	78
049	What do you say we ~? 우리 ~하는 거 어때?	79

Day 8 ~하는 게 좋을 거야

050	I think you should ~ 너 ~하는 게 좋을 것 같아, 너 ~하는 게 좋겠다	83
051	I want you to ~ 네가 ~하면 좋겠어	84
052	You'd better ~ ~하는 게 좋을 거야	85
053	You'd better not ~ ~하지 않는 게 좋을 거야	86
054	You don't wanna ~ ~하지 않는 게 좋을 거야	87
055	You might want to ~ ~하는 게 좋을 거야	88
056	You might as well ~ 너 (차라리) ~하는 게 낫겠다/나을 거야	89
057	Maybe we should ~ 어쩌면 우리 ~해야 할지도 모르겠다	90
058	You deserve ~ 너는 ~해도 돼, ~하는 게 마땅해, ~할 자격이 있어	91

Day 9 ~는 어때?

059	How's ~? ~는 어때?	95
060	How was ~? ~는 어땠어?	96
061	How do you like ~? ~가 어때?, ~가 마음에 들어?	97
062	What is ~ like? ~는 어때?, ~는 어떤 사람이야?	98
063	What's it like ~? ~하는 건 어떤 느낌이야?/기분이야?/어때?	99

064 **What does ~ look like?** ~는 어떻게 생겼어? … 100

Day 10 생각, 의견

065 **What do you think of ~?** ~을 어떻게 생각해? … 104
066 **How do you feel about ~?** ~에 대해 어떻게 생각해? … 105
067 **I'd say ~** ~인 것 같아 … 106
068 **There's no way ~** ~일 리가 없어 … 107
069 **I don't think ~** ~이 아닌 것 같아 … 108
070 **I'm thinking of -ing** ~할까 생각 중이야 … 109

Day 11 알았어, 몰랐어

071 **I can tell ~** ~란 거 보면 알아, ~인 거 알겠다 … 113
072 **Are you familiar with ~?** 너 ~을 잘 아니?, ~가 익숙하니? … 114
073 **How do you know ~?** 네가 ~을 어떻게 알았어?, 네가 ~라는 걸 어떻게 알아? … 115
074 **I knew you'd ~** 네가 ~할 줄 알았어 … 116
075 **I never thought I'd ~** 내가 ~할 줄은 생각도(상상도) 못했어 … 117
076 **I didn't expect to ~** ~할 줄은 몰랐어, ~할 거라곤 생각도 못했어 … 118
077 **Do you happen to know ~?** 너 혹시 ~ 아니? … 119
078 **Let me know ~** ~하면 알려줘, ~을 알려줘 … 120
079 **I'll let you know ~** ~하면 알려줄게, ~을 알려줄게 … 121

Day 12 확실해, 정말이야

080 **I'm sure ~** 분명히 ~할 거야, ~라고 확신해 … 125
081 **Are you sure ~?** ~라는 게 확실해?, 정말 ~야? … 126
082 **I bet ~** 분명히 ~할 거야 … 127
083 **Ten bucks says ~** ~라는 데 10달러 걸게 … 128
084 **You must have p.p.** 네가 (틀림없이/분명히) ~했을 거야/했나 보다 … 129
085 **I might have p.p.** 내가 ~했을지도 몰라 … 130
086 **I'm telling you ~** 정말이지 ~라니까, 정말로 ~가 맞다니까 … 131
087 **I swear I ~** 나 맹세코 ~해 … 132

Day 13 말, 약속, 의도

088 **I told you to ~** 내가 ~하라고 했잖아 … 136
089 **I told you not to ~** 내가 ~하지 말라고 했잖아 … 137
090 **You promised to ~** 너 ~하기로 약속했잖아 … 138
091 **Everyone says ~** 다들 ~라고 말해 … 139
092 **Are you saying (that) ~?** (그러니까 네 말은) ~라는 말이야? … 140
093 **Don't tell me ~** 설마 ~라는 건 아니겠지? … 141
094 **I didn't mean to ~** ~하려던 건 아니었어 … 142

Day 14 감사, 사과, 유감

095	Thanks for ~	~해줘서 고마워	146
096	I appreciate ~	~에 대해 정말 고마워	147
097	I'm sorry about ~	~에 대해 미안해, ~에 대해 유감이다	148
098	It's a shame ~	~하다니 아쉽다/안타깝다	149
099	It's too bad ~	~라니 너무 유감스럽다/안타깝다/아쉽다	150
100	I'm afraid (that)~	유감이지만 ~, 유감스럽게도 ~	151
101	I'm glad (that) ~	~라서 기쁘다/다행이다/잘됐다	152

Day 15 ~하도록 해

102	Make sure ~	꼭 ~하도록 해	156
103	Don't forget to ~	~하는 것 잊지 마	157
104	Don't hesitate to ~	주저하지 말고 ~하세요	158
105	Help yourself to ~	~ 마음껏 드세요	159
106	Watch your ~	~을 조심해	160
107	Go easy on ~	~는 조금만 넣어주세요, ~에게 살살 해	161
108	Say hello to ~ (for me)	~에게 안부 전해줘	162

Day 16 하지 마

109	Don't ever ~	다시는 ~하지 마, 절대로 ~하지 마	166
110	Don't you ever ~	다시는 ~하지 마(경고하는 어조로 강하게)	167
111	Don't even think about ~	~할 생각은 하지도 마, ~할 꿈도 꾸지 마	168
112	Don't make me ~	나 ~하게 하지 마	169
113	Don't be ~	~하게 굴지 마, ~하지 마	170
114	Don't be a ~	~하게 굴지 마, ~이 되지 마	171

Day 17 ~안 해도 돼, ~할 필요 없어

115	You don't have to ~	너 ~안 해도 돼, 너 ~하지 않아도 돼	175
116	You'll have to ~	너 ~해야 할 거야	176
117	There's no need to ~	~할 필요 없어	177
118	It's no use -ing	~해봤자 소용없어, ~해도 소용없어	178
119	Don't bother ~	애써/굳이 ~할 필요 없어	179
120	It's not worth -ing	~할 가치도 없어	180

Day 18 나 ~해, 나 ~하고 있어

121	I'm kind of ~	나 좀 ~해	184
122	I'm getting ~	나 점점 ~해	185
123	I'm totally ~	나 완전 ~해	186
124	This is totally ~	이거 완전 ~해, 이거 절대로 ~해	187
125	I'm in the middle of ~	나 (한창) ~하는 중이야	188

126	I was busy -ing 나 ~하느라 바빴어	189
127	I'm having a hard time -ing 나 ~하는 게 힘들어	190
128	I'm on my way to ~ 나 ~에 가는 중이야, 나 ~에 가고 있어	191

Day 19 시간, 때

129	How long does it take ~? ~하는 데 얼마나 걸려?	195
130	How long have you p.p. ~? ~한 지 얼마나 됐어?, 얼마 동안 ~했어?	196
131	How late ~? 언제까지 ~해?, 몇 시까지 ~해?	197
132	How soon ~? 언제까지 ~해?, 언제 ~해?, 얼마나 빨리 ~해?	198
133	It's time to ~ 이제 ~할 시간이야, 이제 ~할 때야	199
134	There is no time to ~ ~할 시간 없어	200
135	It's been a while since ~ ~한 지 오래되었다	201
136	Every time ~ ~할 때마다	202

Day 20 너 ~하니?, 너 ~해봤니?

137	Do you ever ~ 너 ~할 때가 있니?, 너 ~하니?, 너 ~한 적 있니?	206
138	How often do you ~? 얼마나 자주 ~해?	207
139	When was the last time ~? 마지막으로 ~한 게 언제야?	208
140	Since when do you ~? 너 언제부터 ~하는 거야?, 네가 언제부터 ~했다고 그래?	209
141	Have you ever p.p. ~? 너 ~해본 적 있니?	210
142	Have you seen ~? 너 ~ 봤니?	211
143	Have you ever thought about ~? ~에 대해 생각해본 적 있니?	212
144	Have you thought about ~? ~에 대해 생각해봤어?	213

Day 21 왜, 어째서

145	How come ~? 왜 ~해?, 어째서 ~한 거야?, 어떻게 ~할 수가 있지?	217
146	Why do/are you always ~? 너 왜 항상 ~하니?	218
147	Why are you being so ~? 너 왜 그렇게 ~하게 구는 거야?, 너 왜 그렇게 ~하는 거야?	219
148	Why can't you ~? 넌 왜 ~하질 못하니?/않니?	220
149	Why can't I ~? 나 왜 ~하면 안되는 거야?, 나는 왜 ~이 되지 않는 거지?	221
150	Why should I ~? 내가 왜 ~해야 해?, 내가 왜 ~해야 하는 건데?	222
151	Why would I ~? 내가 왜 ~하겠니?/~하니?/~해?	223
152	What makes you ~? 너 왜(무슨 이유로/근거로) ~하는 거야?	224

Day 22 ~가 왜 그래?

153	What happened to ~? ~가 왜 그래?, ~가 어떻게 된 거야?, ~에 무슨 일 있었어?	228
154	What's wrong with ~? ~가 뭐가 문제야?, ~가 왜 그래?	229
155	What's the harm in ~? ~가 뭐가 나빠?	230
156	What did you do to ~? 너 ~에 무슨 짓을 한 거야?	231

Day 23 ~가 너무 좋아/싫어

157 **I love it when ~** 난 (누가) ~할 때가 너무 좋아   234
158 **I hate it when ~** 난 (누가) ~할 때가 너무 싫어   235
159 **I'm looking forward to ~** ~이 너무 기대돼   236
160 **I'm sick of ~** ~에 질렸어, ~가 지긋지긋해   237
161 **I've had it (with ~)** ~을 참을 만큼 참았어, ~가 지긋지긋해   238

Day 24 ~을 잘해, ~가 익숙해

162 **I'm good at ~** 나 ~을 잘해   241
163 **I'm not much of a ~** 나 ~하는 타입은 아니야, 나 별로 ~하지는 않아, 나 ~는 잘 못해   242
164 **I'm used to ~** 나 ~에 익숙해   243
165 **I'm not used to ~** 나 ~가 익숙하지 않아   244
166 **I'm getting used to ~** ~에 익숙해지고 있어   245
167 **I used to ~** 나 ~ 했었어   246

Day 25 ~가 궁금해, ~ 있나요?

168 **I wonder ~** ~는 뭘까? ~가 궁금해   250
169 **I was wondering if ~** 혹시 ~하지 않을래?, 혹시 ~할 수 있어?   251
170 **No wonder ~** 그러니 ~하지, 그래서 ~하는구나, 어쩐지 ~하더라   252
171 **Is/Are ~ there?** (거기) ~ 있어요?   253
172 **Is/Are there any ~?** ~이 있나요?   254
173 **Is there anything ~?** 뭔가 ~할(한) 거 있어?   255
174 **Is there any chance ~?** ~할 가능성이 있나요?, ~할 수 있을까요?   256

Day 26 ~인 것 같아

175 **You look ~** 너 ~게 보여   260
176 **It looks like ~** ~처럼 보여, ~인 것 같아   261
177 **It smells like ~** ~ 냄새 같아, ~인 것 같아   262
178 **Sounds like ~** ~처럼 들리네, (들어보니) ~인 것 같네   263
179 **It seems ~** ~인 것 같아   264

Day 27 누가 ~해?

180 **Who else ~?** 또 누가 ~해?   267
181 **Who says ~?** ~라고 누가 그래?   268
182 **Who would ~?** 누가 ~하겠어?/~하니?   269
183 **Who's gonna ~?** 누가 ~할 거야?   270

Day 28 그건 ~야

184 **That's because ~** 그건 ~해서 그래   273

185	That's why ~ 그래서 ~한 거야	274
186	That's how ~ 그렇게 ~을 했어	275
187	That's what ~ ~이 바로 그거야	276
188	Is that what ~? 그게 ~인 거야?	277
189	That's not what ~ ~한 건 그게 아니야	278
190	That's when ~ 그때 바로 ~한 거야/~했어	279

Day 29 가정, 희망

191	What would you do if ~? 만약 ~라면 넌 뭘(어떻게) 할 거야?	283
192	If I were you, I would ~ 내가 너라면, 난 ~할 거야	284
193	What if ~? 만약 ~라면 어떡해?	285
194	Let's say ~ ~라고 쳐봐, ~라고 가정해보자	286
195	Let's hope ~ ~하길 바라자	287
196	I wish ~ ~였으면 좋겠다	288

Day 30 ~해야 한다, ~하면 안돼

197	I'm supposed to ~ 나 ~하기로 했어, 나 ~하기로 되어 있어	292
198	I'm not supposed to ~ 나 ~하면 안돼	293
199	You're not supposed to ~ 너 ~하면 안돼	294
200	You were supposed to ~ 너 ~하기로 했었잖아	295
201	How am I supposed to ~? 나보고 어떻게 ~하라는 거야?	296

Day 31 ~했어야 하는데

202	I should have p.p. ~했어야 하는데, ~할 걸 그랬어	299
203	You should have p.p. 너 ~했어야 하는데, 너 ~하지 그랬어	300
204	I shouldn't have p.p. ~하는 게 아니었어	301
205	You shouldn't have p.p. 너 ~하지 말았어야 했어	302

Day 32 기타 필수 패턴

206	Is it okay if ~? ~해도 괜찮아?	305
207	There's nothing like ~ ~만 한 건 없어, ~이 최고야	306
208	How could you ~? 너 어떻게 ~할 수 있어?	307
209	I like your ~ 네 ~ 예쁘다/멋지다/좋다/마음에 든다	308
210	Don't be fooled by ~ ~에 속지 마	309
211	I'm out of ~ 나 ~가 떨어졌어	310
212	We're out of ~ 우리 ~가 다 떨어졌어	311
213	I have nothing to ~ 나 ~할 게 없어	312
214	What's the point of ~? ~가 무슨 의미가 있어?, ~가 무슨 소용이야?, ~하는 이유가 뭐야?	313
215	Just because ~, doesn't mean (that) ~ ~라고 해서 ~인 건 아니야	314

Day 01

하고 싶어, 하기 싫어

- 001 I wanna ~
- 002 I've always wanted to ~
- 003 Don't you wanna ~?
- 004 I'd like to ~
- 005 I'm dying to ~
- 006 The last thing I want to do is ~
- 007 I'm not in the mood for ~
- 008 I don't feel like ~

001 I wanna ~
~하고 싶어, ~가 되고 싶어

"나 피자 먹고 싶어.", "나 놀이동산 가고 싶어."처럼 자신이 원하는 것을 직설적으로 말할 때 쓰는 패턴이에요. I want to가 회화체에서 발음하기 편하게 I wanna가 되었습니다. I wanna 뒤에는 동사원형이 옵니다. 반대로 원하지 않는 일을 말할 때는 「I don't wanna ~」라고 하면 되겠죠. '나 ~가 되고 싶어'라고 장래 희망을 말할 때 「I wanna be+명사」 패턴을 쓸 수 있어요.

 step1 패턴 활용 연습

I wanna go home.   나 집에 가고 싶어.
I wanna show you something.   너에게 뭘 보여주고 싶어.
I wanna break up with Sam.   샘과 헤어지고 싶어.
I wanna be a flight attendant.   나 항공사 승무원이 되고 싶어.

 step2 실전 회화 훈련

Able   _____
        너에게 뭘 보여주고 싶어.
Yvette   What is it?
Able   Tada~ I got a new car.
Yvette   Wow, _____
        나 너의 여친이 되고 싶어.

Able: I wanna show you something.
Yvette: 뭔데?
Able: 짜잔~ 나 새 차 샀다.
Yvette: 우와, I wanna be your girlfriend.

break up with ~ ~와 헤어지다
tada 짜잔~

I've always wanted to ~

나 항상 ~하고 싶었어

"나 항상 배낭여행 하고 싶었어.", "나 항상 드럼 배우고 싶었어.'처럼 예전부터 지금까지 쭉 간절히 하고 싶었던 것을 말할 때 쓰는 패턴이에요. 그냥 「I wanted to ~」라고 하면 과거에 '~하고 싶었어'라는 뜻인데, 시제가 과거에서 현재완료로 바뀌고 always가 중간에 들어가면서 '나 항상 ~하고 싶었어'라는 의미가 되었답니다. I've는 I have의 준말로, to 뒤에는 동사원형이 옵니다.

 step1 패턴 활용 연습

I've always wanted to come here.
나 항상 여기 와보고 싶었어.

I've always wanted to travel around the world.
나 항상 세계여행을 하고 싶었어.

I've always wanted to learn French since elementary school.
나 초등학교 때부터 쭉 프랑스어가 배우고 싶었어.

I've always wanted to work in television.
나 늘 방송국에서 일하고 싶었어.

step2 실전 회화 훈련

Wanda   Look what I've got for you.
Vivian   Wow! The iPad? _____
　　　　　나 항상 이거 갖고 싶었는데.
　　　　　Thanks a lot!
Wanda   I'm so glad you like it.

Wanda: 내가 널 위해 뭘 가져왔는지 봐봐.
Vivian: 우와, 아이패드네? I've always wanted to get this. 정말 고마워.
Wanda: 네가 좋아하니 기쁘구나.

003 Don't you wanna ~?

너 ~하고 싶지 않아?

"여기서 나가고 싶지 않니? 사람도 너무 많고 시끄러워.", "너 독립하고 싶지 않니? 이제 서른이잖아."처럼 상대방의 의향을 물어볼 때 많이 쓰는 패턴이에요. 「Do you wanna ~?」는 '너 ~하고 싶니?'라는 일반적인 질문이지만, 「Don't you wanna ~?」 패턴은 상대방이 무엇을 하고 싶어 할 거라고 예상하며 묻는 경우가 많답니다.

 step1 패턴 활용 연습

Don't you wanna get out of here? — 여기서 나가고 싶지 않아?
Don't you wanna come and hang out with us? — 와서 우리와 함께 놀지 않을래?
Don't you wanna take a rest? — 쉬고 싶지 않아?
Don't you wanna see what I made? — 내가 만든 것 보고 싶지 않아?

 step2 실전 회화 훈련

Amos _____
외식하고 싶지 않니?
Barkley   No, I'm so tired. I want to stay home.
Amos   Come on, let's go out! It's my treat.
Barkley   Seriously? Okay then, let's go.

Amos: Don't you wanna eat out?
Barkley: 아니, 나 정말 피곤해. 집에 있고 싶어.
Amos: 야, 나가자. 내가 쏠게.
Barkley: 진짜로? 그래 그럼, 가자.

hang out with ~ ~와 함께 놀다/어울리다
eat out 외식하다
It's my treat. 내가 쏘는 거야

004 I'd like to ~

~하고 싶어요

"이 수표를 현금으로 바꾸고 싶어요.", "예약을 취소하고 싶어요."처럼 자신이 원하는 것을 정중하게 말할 때 쓰는 패턴이에요. 은행, 레스토랑, 호텔 등의 공공장소에서 특히 많이 쓰이는데, 다른 상황에서도 상대방에게 공손하게 무언가를 요청할 때는 언제라도 이 패턴을 쓸 수 있답니다.

 step1 패턴 활용 연습

I'd like to open a savings account. 저축예금 계좌를 개설하고 싶어요.
I'd like to make a reservation. 예약을 하고 싶어요.
I'd like to extend my stay for two more nights. 숙박을 이틀 더 연장하고 싶어요.
I'd like to have this dry-cleaned. 이거 드라이클리닝 하고 싶어요.

 step2 실전 회화 훈련

Ben _____
　　　어두워지기 전에 집에 돌아가고 싶어요.
Tracy　Hey, what are you talking about? We are on a date.
Ben　　But we met at 9 in the morning.
Tracy　So what? The real date begins when it gets dark.

Ben: I'd like to go home before it gets dark.
Tracy: 야, 무슨 소리야? 우린 지금 데이트 중이라고.
Ben: 하지만 우리 아침 9시에 만났잖아요.
Tracy: 그게 무슨 상관이야? 진짜 데이트는 어두워질 때 시작하는 거야.

005 I'm dying to ~

~하고 싶어 죽겠어

"군대 간 남친이 보고 싶어 죽겠어.", "파티에 가고 싶어 죽겠어."처럼 우리말의 '~하고 싶어 죽겠어'와 똑같은 영어표현이 바로 「be dying to+동사」랍니다. 이와 비슷한 형태의 「be dying for+명사」는 '~을 몹시 원하거나 필요로 하다'라는 뜻이에요. 비슷한 표현으로 「I'd kill for+명사」도 있어요.

 step1 패턴 활용 연습

I'm dying to see you.	네가 보고 싶어 죽겠어.
I'm dying to meet him.	그가 만나고 싶어 죽겠어.
I'm dying to know my test results.	시험 결과가 궁금해 죽겠어.
I'm dying to go there.	거기 가고 싶어 죽겠어.

step2 실전 회화 훈련

Blair   Is your boyfriend still in Paris?
Sharon   Yes, he is.
Blair   You must miss him a lot.
Sharon   _____
           걔 보고 싶어 죽겠어.

Blair: 네, 남자친구 아직도 파리에 있니?
Sharon: 응.
Blair: 정말 보고 싶겠구나.
Sharon: I'm dying to see him.

 006 The last thing I want to do is ~

난 정말 ~하고 싶지 않아

직역하면 '내가 가장 마지막에 하고 싶은 것은'이란 뜻이지만, "부모님에게 손 벌리는 건 정말 하고 싶지 않아.", "그와 함께 여행 가는 것은 죽어도 싫어."처럼 정말 너무 하기 싫은 일을 the last thing I want to do라고 해요. 비슷한 패턴으로 「The last thing I need is ~」가 있어요.

 step1 패턴 활용 연습

The last thing I want to do is hurt you.	난 정말 너에게 상처 주고 싶지 않아.
The last thing I want to do is upset her.	난 정말 그녀를 속상하게 하고 싶지 않아.
The last thing I want to do is work with him.	그와 함께 일하는 것은 정말 싫어.
The last thing I want to do is let you down.	난 정말 널 실망시키고 싶지 않아.

step2 실전 회화 훈련

Amber   I'm going out to see Jim. Do you want to join us?
Becky   No, thanks.
Amber   Why not?
Becky   _____
        짐하고 같이 노는 건 싫어도 너무 싫거든.

Amber: 짐 만나러 가는데 같이 갈래?
Becky: 아니, 됐어.
Amber: 왜 가기 싫은 건데?
Becky: The last thing I want to do is hang out with Jim.

upset 속상하게 하다, 기분이 상한

I'm not in the mood for ~

나 ~할 기분이 아니야, ~은 내키지 않아

mood가 '기분'이니까 「in the mood for ~」는 '~할 기분이다'라는 뜻이에요. 여기에 not이 들어가서 「I'm not in the mood for ~」가 되면 '나 ~할 기분이 아니야' 란 뜻이 됩니다. for 뒤에는 대개 명사가 오지만 동사의 명사형태인 동명사도 올 수 있어요. 좀 더 강조할 때는 really를 넣어서 「I'm really not in the mood for ~」 라고 하면 됩니다.

I'm not in the mood for a party. 파티할 기분이 아니야.
I'm not in the mood for jokes. 농담할 기분이 아니야.
I'm not in the mood for sex. 섹스할 기분이 아니야.
I'm not in the mood for Chinese food. 중국음식은 별로 내키지 않아.

step2 실전 회화 훈련

Byron   Do you wanna go out for a drink?
Amanda _____
         난 술 마실 기분이 아니야.
Byron   What are you in the mood for, then?
Amanda I'm in the mood for sleeping.

Byron: 술 한잔 하러 나갈까?
Amanda: I'm not in the mood for drinking.
Byron: 그럼, 뭐 하고 싶은 기분인데?
Amanda: 자고 싶은 기분이야.

I don't feel like ~

~하고 싶지 않아, ~할 기분이 아니야

"별로 먹고 싶지 않아.", "놀러 갈 기분이 아니야."처럼 무엇을 하고 싶은 기분이 아니라고 말할 때 쓰는 패턴이에요. 상대방이 나에게 뭔가를 하자고 권유했는데 나는 그 제안이 내키지 않을 때 많이 씁니다. I don't feel like 뒤에는 주로 동명사, 즉 동사의 -ing 형태가 오는데, 명사도 올 수 있어요.

step1 패턴 활용 연습

I don't feel like cooking.	요리하고 싶지 않아.
I don't feel like eating.	먹고 싶지 않아.
I don't feel like studying.	공부할 기분이 아니야.
I don't feel like talking right now.	지금 말할 기분이 아니야.

step2 실전 회화 훈련

Bruce   How's it going?

Carl   _____
나 지금 너랑 얘기할 기분 아니야.

Bruce   What's wrong with you?

Carl   Like I said, _____
나 얘기할 기분 아니야.

Bruce: 잘 지내니?
Carl: I don't feel like talking to you right now.
Bruce: 너 뭐 잘못 먹었냐?
Carl: 방금 말했듯이, I don't feel like talking.

빈칸에 들어갈 패턴을 넣고, 그 패턴을 이용해 완전한 문장을 만들어보세요.

1 _____ be a flight attendant.
나 항공사 승무원이 되고 싶어.

_____.
나 집에 가고 싶어.

2 _____ travel around the world.
나 항상 세계여행을 하고 싶었어.

_____.
나 항상 여기 와보고 싶었어.

3 _____ get out of here?
여기서 나가고 싶지 않아?

_____?
내가 만든 것 보고 싶지 않아?

4 _____ open a savings account.
저축예금 계좌를 개설하고 싶어요.

_____.
예약을 하고 싶어요.

5 _____ know my test results.
시험 결과가 궁금해 죽겠어.

_____.
네가 보고 싶어 죽겠어.

6 _____ hurt you.

난 정말 너에게 상처 주고 싶지 않아.

_____.

그와 함께 일하는 것은 정말 싫어.

7 _____ a party.

파티할 기분이 아니야.

_____.

중국음식은 별로 내키지 않아.

8 _____ cooking.

요리하고 싶지 않아.

_____.

공부할 기분이 아니야.

---

1 I wanna / I wanna go home **2** I've always wanted to / I've always wanted to come here **3** Don't you wanna / Don't you wanna see what I made **4** I'd like to / I'd like to make a reservation **5** I'm dying to / I'm dying to see you **6** The last thing I want to do is / The last thing I want to do is work with him **7** I'm not in the mood for / I'm not in the mood for Chinese food **8** I don't feel like / I don't feel like studying

02

참을 수 없어

- 009 I can't wait to ~
- 010 My ~ is/are killing me
- 011 I can't help -ing
- 012 I can't stop -ing
- 013 I can't stand ~
- 014 I can't believe ~

009 I can't wait to ~
빨리 ~하고 싶어, ~을 못 기다리겠어

직역하면 '~을 기다릴 수 없어'란 뜻이지만, "빨리 아기가 보고 싶어.", "빨리 소풍 가고 싶어."처럼 어떤 일이 기대되어서 안달이 났을 때 쓰는 패턴이 「I can't wait to ~」랍니다. 우리말로는 '빨리 ~하고 싶어'에 해당해요.

step1 패턴 활용 연습

I can't wait to see you. 빨리 널 보고 싶어.
I can't wait to show it to you. 빨리 너한테 이걸 보여주고 싶어.
I can't wait to go on a trip. 빨리 여행 가고 싶어.
I can't wait to be a Mom. 빨리 엄마가 되고 싶어.

step2 실전 회화 훈련

Tim	I have just finished writing a book.
Bart	Congratulations. When is it going to be published?
Tim	Sometime next month.
Bart	_____

빨리 읽고 싶네.

Tim: 방금 전에 책 한 권을 탈고했다.
Bart: 축하해. 언제 출판되니?
Tim: 다음달 중에 나올 거야.
Bart: I can't wait to read it.

go on a trip 여행을 가다

My ~ is/are killing me
~가 아파 죽겠어

'~가 아파서 죽겠어'라고 할 때 My ~ is/are killing me라고 해요. My 다음에 아픈 부위를 집어넣고 말하면 됩니다. 아픈 부위가 단수이면 is를 쓰고, 복수이면 are을 쓰면 되겠죠. 참고로 상대방이 어이없는 말이나 행동으로 날 매우 짜증나게 할 때, 피곤하게 할 때, 신경 쓰이게 할 때는 You're killing me.라고 해요. 우리말의 "너 때문에 죽겠다."와 비슷하죠. 그리고 사람이 아니라 "그것 때문에 죽겠어."라고 할 때는 It's killing me.라고 합니다.

step1 패턴 활용 연습

My tooth **is killing me.**   이 아파 죽겠어.
My head **is killing me.**   머리 아파 죽겠어.
My legs **are killing me.**   다리 아파 죽겠어.
My feet **are killing me.**   발 아파 죽겠어.

step2 실전 회화 훈련

Pedro   You look like you are in pain.
Kate   Do I?
Pedro   Yes, you do. What's wrong?
Kate   I hurt my back working out. _____
                                   허리 아파 죽겠어.

Pedro: 너 뭔가 통증이 있는 것 같아 보여.
Kate: 내가 그래 보이니?
Pedro: 응, 그래 보여. 왜 그러니?
Kate: 운동 하다가 허리를 삐끗했어. My back is killing me.

011 I can't help -ing
~하지 않을 수 없어, 계속 ~하게 돼

어떤 행동을 하지 않으려고 해도 참지 못하고 자꾸만 하게 될 때 「can't help -ing」를 사용합니다. 엘비스 프레슬리의 유명한 노래 중에 Can't Help Falling in Love(사랑하지 않을 수 없어)가 바로 이 표현을 제목으로 쓰고 있죠. 그냥 I can't help it.이라고 하면 '나도 어쩔 수 없어'란 뜻이 된답니다.

I can't help laughing. 웃음을 참을 수가 없어.
I can't help worrying about you. 네 걱정을 안 할 수가 없어.
I can't help watching it. 그것을 안 볼 수가 없어.
I can't help thinking about her. 계속 그녀 생각이 나.

 step2 실전 회화 훈련

Danny _____
        널 사랑하지 않을 수가 없구나.
Ella   Shut up.
Danny   I'm serious. Why won't you believe me?
Ella   Haha. You are so funny. _____
                                      웃음을 참을 수가 없네.

Danny: I can't help falling in love with you.
Ella: 닥쳐.
Danny: 진짜야. 왜 내 말을 안 믿어주는 거니?
Ella: 하하. 너 진짜 웃긴다. I can't help laughing.

012 I can't stop -ing

~을 멈출 수가 없어, 계속 ~하게 돼

어떤 행동을 아무리 멈추려고 애써도 의지와 달리 계속 하게 된다고 말할 때 「can't stop -ing」 패턴을 사용합니다. 기침, 웃음, 울음 등 특히 신체 현상과 관련해서 얘기할 때 많이 쓰이고, 잊으려 하는 뭔가가 자꾸 생각날 때도 쓸 수 있죠. 이 패턴 역시 레이 찰스의 노래 제목인 I Can't Stop Loving You(내 사랑을 멈출 수 없어)에서 볼 수 있답니다.

step1 패턴 활용 연습

I can't stop coughing.	기침을 멈출 수가 없어.
I can't stop laughing.	웃음을 멈출 수가 없어.
I can't stop crying.	울음을 멈출 수가 없어.
I can't stop thinking about it.	그 생각을 멈출 수가 없어.

step2 실전 회화 훈련

Erika   Tensions are running high between North and South Korea.
Colin   Are you scared that a war might break out?
Erika   Of course I am. _____
          계속 그런 생각이 들어.
Colin   Don't worry. It's just not going to happen.

Erika: 북한과 남한 사이의 긴장감이 고조되고 있어.
Colin: 전쟁이 일어날까 봐 무섭니?
Erika: 당연하지. I can't stop thinking about it.
Colin: 걱정 마. 그런 일은 절대 일어나지 않을 거야.

cough 기침하다, 기침
Tensions are running high. 긴장감이 고조되고/격해지고 있다
break out 발발하다, 발생하다

013 I can't stand ~

~을 참을 수 없어

여기서 stand는 '참다'라는 뜻으로, 이 패턴은 어떤 대상이나 상황 등에 대해 더 이상 참을 수 없는 한계에 도달했다고 말할 때 사용해요. stand 뒤에는 참을 수 없는 대상이 옵니다. "더 이상 참을 수 없어!"라고 할 때는 stand 대신 같은 의미로 take를 써서 I can't take it anymore!라고도 말할 수 있어요.

step1 패턴 활용 연습

I can't stand it any longer! — 더 이상 참을 수 없어!
I can't stand all that noise. — 저 소음을 참을 수 없어.
I can't stand this heat. — 이 더위를 참을 수 없어.
I can't stand him. — 그를 참을 수 없어.

step2 실전 회화 훈련

Kevin Do you like cheonggukjang?
Isaac No, I don't. _____
       난 그 냄새를 견딜 수가 없어.
Kevin I know it smells bad, but it's good for your health. You should try it once.
Isaac No thanks.

Kevin: 청국장 좋아하니?
Isaac: 아니, I can't stand the smell of it.
Kevin: 냄새가 역하다는 건 나도 알지, 하지만 건강엔 좋다고. 언제 한번 먹어보렴.
Isaac: 됐다고요.

heat 열기, 더위

014 I can't believe ~

~라니 믿기지 않아, ~라니 안 믿어져

I can't believe를 직역하면 '믿을 수 없어' 이지만 정말로 무엇을 믿지 않는다는 뜻은 아니고, 믿기 어려울 정도로 놀라운 얘기를 들었거나 뜻밖의 일을 겪었을 때, 그 놀라움의 정도를 강조하는 표현이랍니다. 뒤에는 보통 '주어+동사'가 오는데, 무엇을 믿기 힘든지, 그 내용이 문장으로 오면 됩니다.

 **step1** 패턴 활용 연습

I can't believe he really said that.
그가 정말로 그렇게 말했다니 믿기지 않아.

I can't believe we didn't notice.
우리가 눈치채지 못했다니 믿어지지 않아.

I can't believe this is happening.
이런 일이 일어나다니 믿어지지 않아.

I can't believe she cheated on him.
그녀가 바람을 피웠다니 믿기지 않아.

 step2 실전 회화 훈련

Henry _____
네가 바람을 피웠다니 믿기지가 않아.

Gina I didn't cheat on you. I was just having a dinner with him.

Henry That's cheating.

Gina _____
넌 어떻게 이렇게 속이 좁을(narrow-minded) 수가 있는 건지 정말 믿기지가 않는구나.

Henry: I can't believe you cheated on me.
Gina: 나 바람 안 피웠어. 난 그냥 그 사람과 저녁을 먹었을 뿐이야.
Henry: 그게 바람 피운 거지.
Gina: I can't believe how narrow-minded you are.

cheat on somebody 배우자나 애인 몰래 바람을 피우다
narrow-minded 속이 좁은, 편협한

 집중 트레이닝

빈칸에 들어갈 패턴을 넣고, 그 패턴을 이용해 완전한 문장을 만들어보세요.

1 _____ go on a trip.
빨리 여행 가고 싶어.

_____.
빨리 널 보고 싶어.

2 My legs are _____.
다리 아파 죽겠어.

_____.
머리 아파 죽겠어.

3 _____ laughing.
웃음을 참을 수가 없어.

_____.
그것을 안 볼 수가 없어.

4 _____ coughing.
기침을 멈출 수가 없어.

_____.
울음을 멈출 수가 없어.

5 _____ all that noise.
저 소음을 참을 수 없어.

_____.
그를 참을 수 없어.

6 _____ this is happening.
이런 일이 일어나다니 믿어지지 않아.

_____.
그가 정말로 그렇게 말했다니 믿기지 않아.

---

1 I can't wait to / I can't wait to see you   **2** killing me / My head is killing me
3 I can't help / I can't help watching it   **4** I can't stop / I can't stop crying
5 I can't stand / I can't stand him   **6** I can't believe / I can't believe he really said that

Day 03

할게, 할 거야

- 015　I'm going to ~
- 016　When are you going to ~?
- 017　I'm willing to ~
- 018　I'm ready to ~
- 019　I was just about to ~
- 020　I've decided to ~
- 021　Let me ~
- 022　I'll take care of ~
- 023　I'll go get ~

015 I'm going to ~

나 ~할 거야, 나 ~하려고 해

앞으로 자신이 하려는 일을 말할 때 쓰는 패턴이에요. 구어체에서는 「I'm gonna ~」라고도 많이 해요. 「I'm going to」와 「I will」은 둘 다 미래의 할 일을 나타내지만 「I'm going to ~」는 이미 결정한 일을 말할 때 쓰는 반면, 「I will ~」은 말하는 시점에서 결정하거나 말하는 순간의 의지가 강조되는 것이 차이점이랍니다.

step1 패턴 활용 연습

I'm going to go fishing.	나 낚시하러 갈 거야.
I'm going to take a shower.	나 샤워할 거야.
I'm going to tell him everything.	그에게 모든 걸 말하려고 해.
I'm going to miss you.	네가 보고 싶을 거야.

step2 실전 회화 훈련

Mercedes _____
나 그에게 데이트 신청할 거야.

Susie No, no, no, you shouldn't. You should get him to ask you out.

Mercedes How do I do that?

Susie Just do as I say.

Mercedes: I'm going to ask him out.
Susie: 아니, 아니, 아니, 그러면 안 돼. 그가 너에게 데이트 신청을 하게 만들어야지.
Mercedes: 그걸 어떻게 해?
Susie: 내가 시키는 대로만 하면 돼.

ask somebody out 누구에게 데이트를 신청하다
Do as I say. 내가 하라는 대로 해

016 When are you going to ~?

너 언제 ~할 거야?

「be going to ~」는 '~을 할 것이다'라는 의미로, 앞으로 할 일을 나타내죠. 그런데 「When are you going to ~?」는 문장 앞에 When이 들어가서 질문이 되었으니, '너 언제 ~할 거야?'란 뜻이 됩니다. 그냥 순수하게 '언제'가 궁금해서 물을 때도 쓰고, 상대방이 무엇을 하지 않는 게 답답해서 얘기할 때도 씁니다.

step1 패턴 활용 연습

When are you going to be home?
너 언제 집에 올 거야?

When are you going to learn to drive?
너 언제 운전 배울 거야?

When are you going to get a job?
너 언제 일자리 구할 거야?

When are you going to listen to me?
너 언제 내 말 들을 거야?

step2 실전 회화 훈련

Mom	넌 언제 결혼할 거니?
Son	When the time is right.
Mom	You are 50 years old already. Don't you think it's about time?
Son	I'll wait until the right woman comes along.

Mom: When are you going to get married?
Son: 때가 되면요.
Mom: 너 벌써 50살이야. 이제 때가 되었다고 생각하지 않니?
Son: 저한테 맞는 여자가 나타날 때까지 기다릴 거예요.

When the time is right. 때가 되면(시기가 적절할 때) 할 거야
It's about time. 지금이 적기다, (곧) ~을 해야 할 때이다
come along (기회 등이) 생기다, 나타나다

017 I'm willing to ~

나 기꺼이 ~할게, 기꺼이 ~할 의향이 있어

"기꺼이 전 재산을 기부하겠어.", "기꺼이 도와줄게."처럼 '나는 기꺼이 ~할 의사가 있다'라는 뜻을 나타낼 때, 의지를 나타내는 will을 이용해서 「I'm willing to +동사원형」을 씁니다.

I'm willing to do anything.   기꺼이 뭐든지 할게.
I'm willing to take the risk.   기꺼이 위험을 감수할게.
I'm willing to help you out.   기꺼이 널 도와줄게.
I'm willing to pay any price.   얼마든 기꺼이 지불할게.

step2 실전 회화 훈련

Norah   I want that bag so bad. But I have no money.
Finn   _____
               내가 기꺼이 돈을 빌려줄게. 얼마나 필요하니?
Norah   Are you sure? It's about $2,000.
Finn   What the… Forget what I said.

Norah: 저 가방 정말 너무 갖고 싶다. 근데 돈이 없어.
Finn: I'm willing to lend you some money. How much do you need?
Norah: 진짜? 한 2,000달러 할 거야.
Finn: 무슨… 내가 한 말은 없던 걸로 하자.

want something so bad
~을 심하게 원하다, ~을 매우 가지고 싶어 하다

What the + (heck/hell/fuck)!
뭐야! 이런 미친! 헉!

018 I'm ready to ~

나 ~할 준비 됐어

Are you ready?(준비됐나?)라고 물으면 I'm ready.(준비됐다.)라고 대답하잖아요. 여기서 '~할 준비가 됐다'라고 하려면 「I'm ready to +동사원형」 패턴을 쓰면 된답니다. 상대방에게 '~할 준비됐니?'라고 물어볼 때는 「Are you ready to ~?」라고 합니다.

step1 패턴 활용 연습

I'm ready to go.
I'm ready to settle down.
I'm ready to be a father.
I'm ready to retire.

나 갈 준비 됐어.
나 정착할 준비가 됐어.
나 아빠 될 준비가 됐어.
나 퇴직할 준비가 됐어.

step2 실전 회화 훈련

[모터사이클을 처음 타는 상황]

Will   Are you ready to do this?

Harry   Yes, _____
               난 재미있게 놀 준비가 됐어.

Will   Alright, then. Here we go.

Harry   Wow, this is so much fun!

Will: 이거 운전할 준비 됐니?
Harry: 그래, I'm ready to have some fun.
Will: 그래, 그럼, 자 간다!
Harry: 우와, 너무 재미있다!

> **settle down** 한 곳에 자리 잡고 정착하다

019 I was just about to ~

나 막 ~하려던 참이었어

친구에게 전화하려고 했는데 그 친구에게서 먼저 전화가 걸려왔을 때, 나가려는데 누가 찾아왔을 때, 내가 하려던 말을 상대방이 먼저 했을 때 등, '막 ~하려던 참이었어'라고 말할 때 쓰는 패턴이에요. just를 빼고 그냥 「I was about to ~」라고 해도 됩니다.

step1 패턴 활용 연습

I was just about to call you.
나 막 너한테 전화하려던 참이었어.

I was just about to leave.
나 막 떠나려던 참이었어.

I was just about to say that.
나 막 그 말 하려던 참이었어.

I was just about to ask you the same thing.
나도 막 너한테 같은 거 물어보려던 참이었어.

step2 실전 회화 훈련

Sally   Hello. Is this Tom?
Tom   Hey, Sally. _____
        나 막 너한테 전화하려던 참이었는데.
Sally   Really? What a coincidence!
Tom   I know!

Sally: 여보세요? 톰이니?
Tom: 야, 샐리야. I was just about to call you.
Sally: 정말? 이런 기막힌 우연의 일치가!
Tom: 내 말이!

What a coincidence! 어떻게 이런 우연의 일치가 있을 수가!
I know! 상대방의 말에 강하게 동조할 때 쓰는 표현

020 I've decided to ~

나 ~하기로 결정했어

"나 유학 가기로 결정했어.", "나 그만두기로 결정했어."처럼 무언가를 하기로 결정했다고 말할 때 쓰는 패턴이에요. 단순히 과거형인 I decided를 쓰면 한번에 결정을 내렸다는 느낌이 드는 데 반해, 현재완료형인 I've decided를 쓰면 시제가 과거부터 현재까지 이어지므로 그 동안 생각하고 결정을 내렸다는 느낌을 줄 수 있답니다.

 step1 패턴 활용 연습

I've decided to go to Australia.
나 호주로 가기로 결정했어.

I've decided to get a divorce.
나 이혼하기로 결정했어.

I've decided to major in architecture.
나 건축학 전공하기로 결정했어.

I've decided to spend more time with my family.
나 가족과 더 많은 시간을 보내기로 결정했어.

 **step2 실전 회화 훈련**

Jeanie _____
        나 결혼하기로 결정했어.

Sean   I'm so happy for you. Who's the lucky guy?

Jeanie I haven't decided that yet.

Sean   Huh?

Jeanie: I've decided to get married.
Sean: 와, 잘됐다! 너와 결혼하게 될 행운의 남자가 누구니?
Jeanie: 그건 아직 결정 못했어.
Sean: 엥?

Who's the lucky guy/girl?
결혼을 앞둔 사람에게 상대방이 누구냐고 물어볼 때 쓰는 표현

021 Let me ~
내가 ~할게, 내가 ~하게 해 줘

let에는 허락의 의미가 있어서 「let me ~」라고 하면 '내가 ~하게 해 줘'란 뜻이 됩니다. Let me go.(나 보내 줘.)처럼 요청하는 의미로도 쓰지만, '내가 ~할게'처럼 자신의 의사를 완곡하게 표현할 때도 이 패턴을 많이 쓴답니다. Let me 뒤에는 동사원형이 옵니다.

Let me talk.   내가 얘기할게.
Let me guess.   내가 맞혀볼게.
Let me help you.   내가 도와줄게.
Let me think about it.   생각 좀 해볼게.

step2 실전 회화 훈련

Ronda   You are a control freak.
Erik   What?
Ronda   _____
        내가 설명할게.
Erik   You don't have to explain. I know what that means.

Ronda: 넌 '통제광'이야.
Erik: 뭐야?
Ronda: Let me explain.
Erik: 설명할 필요 없어. 나도 그게 무슨 뜻인지 안다고.

형용사+freak ~광; ~에 집착하는 사람
ex) control freak 모든 게 자기 뜻대로 되어야 직성이 풀리는 사람

022 I'll take care of ~

~는 내가 할게, ~는 내가 돌볼게

「take care of ~」는 '~을 처리하다', '~을 돌보다' 등 여러 의미로 사용됩니다. take care of 뒤에 치울 물건이 온다면 그 물건을 정리한다는 뜻이 되고, 뒤에 계산서가 와서 '계산서를 처리하다'라고 하면 내가 계산을 하겠다는 말이 되겠죠. take care of 뒤에 사람이 오면 보통 '돌보다'로 해석되지만, 어떤 상황에서는 그 사람을 '처리하다(죽이다)'라는 무서운 뜻으로 쓰일 수도 있답니다.

step1 패턴 활용 연습

I'll take care of it.	그건 내가 알아서 할게.
I'll take care of the cost.	비용은 내가 처리할게.
I'll take care of the rest.	나머지는 내가 처리할게.
I'll take care of the kids.	애들은 내가 돌볼게.

step2 실전 회화 훈련

Phil   I'm so full.
Manny   Did you enjoy it?
Phil   Yes, it was really good.
Manny   _____
        계산은 내가 할게.

Phil: 완전 배부르다.
Manny: 맛있었니?
Phil: 응, 정말 맛있었어.
Manny: I'll take care of the check.

Enjoy it. 맛있게 드세요

023 I'll go get ~

나 ~ 가지고 올게, 나 ~하러 갈게, 나 ~하고 올게

"마실 것 좀 가지고 올게.", "그거 어디 있는지 알아. 내가 가지고 올게."처럼 내가 가서 뭔가를 가져오겠다고 말할 때 쓰는 패턴이에요. 무엇을 가지고 올 때뿐만 아니라 get the door(문을 열어주다), get some sleep(잠 좀 자다) 등 get을 쓰는 표현을 넣어서 '~하러 갈게', '~하고 올게'라는 뜻으로도 쓸 수 있답니다.

 step1 패턴 활용 연습

I'll go get some drinks.　　　　마실 것 좀 가지고 올게.
I'll go get my things.　　　　　내 물건 좀 챙겨 올게.
I'll go get the door.　　　　　　내가 문 열어주고 올게.
I'll go get dinner ready.　　　　저녁 준비하러 갈게.

 step2 실전 회화 훈련

Kyle	_____
	가서 먹을 것 좀 가지고 올게.
Stacey	It's okay. I'm not hungry.
Kyle	But I'm hungry.
Stacey	Oh, okay.

Kyle: I'll go get something to eat.
Stacey: 괜찮아. 난 배 안 고파.
Kyle: 난 배고픈데.
Stacey: 아, 알았어.

 집중 트레이닝

빈칸에 들어갈 패턴을 넣고, 그 패턴을 이용해 완전한 문장을 만들어보세요.

1 _____ go fishing.
나 낚시하러 갈 거야.

_____.
그에게 모든 걸 말하려고 해.

2 _____ listen to me?
너 언제 내 말 들을 거야?

_____?
너 언제 일자리 구할 거야?

3 _____ take the risk.
기꺼이 위험을 감수할게.

_____.
기꺼이 널 도와줄게.

4 _____ go.
나 갈 준비됐어.

_____.
나 아빠 될 준비가 됐어.

5 _____ call you.
나 막 너한테 전화하려던 참이었어.

_____.
나 막 그 말 하려던 참이었어.

6 _____ get a divorce.

나 이혼하기로 결정했어.

_____.

나 호주로 가기로 결정했어.

7 _____ guess.

내가 맞혀볼게.

_____.

내가 설명할게.

8 _____ the kids.

애들은 내가 돌볼게.

_____.

나머지는 내가 처리할게.

9 _____ some drinks.

마실 것 좀 가지고 올게.

_____.

내가 문 열어주고 올게.

---

1 I'm going to / I'm going to tell him everything   **2** When are you going to / When are you going to get a job   **3** I'm willing to / I'm willing to help you out   **4** I'm ready to / I'm ready to be a father   **5** I was just about to / I was just about to say that   **6** I've decided to / I've decided to go to Australia   **7** Let me / Let me explain   **8** I'll take care of / I'll take care of the rest   **9** I'll go get / I'll go get the door

Day 04

~하려고, ~때문에 (목적)

024 I'm here to ~
025 I have an appointment with ~
026 I'm looking for ~
027 I'm calling to ~
028 I'm calling about ~

024 I'm here to ~

~하러 왔어요

어딘가에 가서 '~하러 왔는데요'라고 그곳에 온 목적을 말할 때 「I'm here to + 동사원형」 패턴을 사용합니다. 특히 '누구를 보러 왔는데요'라고 할 때는 「I'm here to see + 사람」을 쓰면 됩니다. I'm here for sightseeing.(관광하러 왔어요.) 처럼 자신의 목적을 명사로 얘기할 때는 「I'm here for + 명사」를 사용해요.

step1 패턴 활용 연습

I'm here to study English. 나 영어 공부하러 왔어.
I'm here to help you. 너 도와주러 왔어.
I'm here to see Mrs. Robinson. 로빈슨 부인을 뵈러 왔는데요.
I'm here to pick up my son. 아들을 데리러 왔어요.

step2 실전 회화 훈련

Duran   May I help you?

Cameron _____ Is he here?
         존슨 씨 만나러 왔는데요.

Duran   He just stepped out. Would you like to leave a message?

Cameron No, it's okay. I'll come back tomorrow.

Duran: 도와드릴까요?
Cameron: I'm here to see Mr. Johnson. 계신가요?
Duran: 지금 방금 외출하셨는데요. 전할 말을 남기시겠어요?
Cameron: 아니에요, 괜찮아요. 내일 다시 올게요.

step out 잠깐 나가다, 외출하다

025 I have an appointment with ~

~와 약속이 있어, ~와 약속이 되어 있는데요

'약속'이라고 하면 promise를 떠올리는 사람이 많은데, 보통 친구와의 약속은 plan을 쓰고, 업무상 만남이나 진찰 예약 등은 appointment를 쓴답니다. 「I have an appointment with ~」 패턴은 '~와 약속이 있어'라는 의미도 되지만, 업무나 면접 등이 있어서 회사에 찾아갔을 때 '~와 약속이 되어 있는데요', '~와 약속하고 왔는데요' 라는 의미로도 사용해요.

step1 패턴 활용 연습

I have an appointment with the dentist.	치과의사와 약속(진찰)이 있어.
I have an appointment with an important client tomorrow.	내일 중요한 고객과 약속이 있어.
I have an appointment with Charlie Wilson.	찰리 윌슨과 약속이 되어 있는데요.
I have an appointment with Mr. Brooks.	브룩스 씨와 약속하고 왔는데요.

step2 실전 회화 훈련

Steve   Let's grab lunch together.
Tiger   I'm sorry I can't.
Steve   You busy?
Tiger   Yes, _____
           치과의사와 약속이 있어.

Steve: 가볍게 점심이나 같이 하자.
Tiger: 미안하지만 안 되겠는걸.
Steve: 바빠?
Tiger: 응, I have an appointment with the dentist.

grab lunch (가볍게) 점심을 먹다

026 I'm looking for ~

~을 찾고 있어요, ~을 구하고 있어요

look for가 '찾다'라는 뜻이니까 「I'm looking for ~」는 '~을 찾고 있어요'란 진행형의 문장이 됩니다. 이 패턴은 잃어버린 물건을 찾을 때도 쓰지만, 필요한 것을 구할 때나, 상점에 가서 사려는 물건을 말할 때도 사용해요.

 step1 패턴 활용 연습

I'm looking for my keys.	내 열쇠를 찾고 있어.
I'm looking for a studio.	원룸을 구하고 있어요.
I'm looking for a job.	나 일자리 구하고 있어.
I'm looking for a necklace for my wife.	아내에게 줄 목걸이를 찾는데요.

 step2 실전 회화 훈련

Jeff _____
　　　나 아르바이트 구하고 있어.

Candy　What kind of job are you looking for?

Jeff　　It doesn't matter as long as I can make some money.

Jeff: I'm looking for a part-time job.
Candy: 어떤 일을 찾는데?
Jeff: 돈만 좀 된다면 무엇이라도 상관없어.

make money 돈을 벌다

027 I'm calling to ~

~하려고 전화했어요

전화를 걸면 건 목적을 말해야겠죠? "뭐 좀 물어보려고 전화했어요.", "영화 시간 알아보려고 전화했어요."처럼 '~하려고 전화했어요'라고 얘기할 때 「I'm calling to+동사원형」 패턴을 쓸 수 있습니다.

step1 패턴 활용 연습

I'm calling to inquire about the bus schedule.
버스 스케줄 문의하려고 전화했는데요.

I'm calling to report a burglary.
절도 사건을 신고하려고 전화했습니다.

I'm calling to make a reservation.
예약하려고 전화했어요.

I'm calling to ask you a favor.
부탁 좀 하려고 전화했어요.

step2 실전 회화 훈련

Terry _____
혹시 일할 자리가 있는지 문의하려고 전화했습니다.

Lola   We don't have any open positions for the moment.

Terry   I see. I'll call again next week.

Terry: I'm calling to ask if you are hiring.
Lola: 지금으로서는 자리가 하나도 없네요.
Terry: 알겠습니다. 다음주에 다시 전화하겠습니다.

burglary 절도, 빈집털이

028 I'm calling about ~

~때문에 전화했어요, ~ 보고 전화했는데요

"구인광고 보고 전화했는데요.", "가방 주문한 것 때문에 전화했는데요."처럼 '~때문에 전화했어요'라고 자신이 전화한 이유를 얘기할 때 「I'm calling about + 명사」 패턴을 사용합니다.

 step1 패턴 활용 연습

I'm calling about tomorrow's meeting.	내일 회의 때문에 전화했습니다.
I'm calling about the TV I ordered.	주문한 TV 때문에 전화했는데요.
I'm calling about the one-bedroom.	원베드룸 때문에 전화했는데요.
I'm calling about the ad for a used car.	중고차 광고를 보고 전화했는데요.

 step2 실전 회화 훈련

Keith   _____
         신문에 난 일자리 광고 보고 전화했는데요.
Noam   Did you send in the application yet?
Keith   No, not yet.
Noam   You need to send in your application first.

Keith: I'm calling about the job ad in the paper.
Noam: 지원서는 보내셨나요?
Keith: 아니요, 아직이요.
Noam: 우선 지원서부터 보내셔야 합니다.

one-bedroom (apartment)
방 하나에 거실이 있는 아파트

 집중 트레이닝

빈칸에 들어갈 패턴을 넣고, 그 패턴을 이용해 완전한 문장을 만들어보세요.

1 _____ see Mrs. Robinson.
   로빈슨 부인을 뵈러 왔는데요.

   _____.
   너 도와주러 왔어.

2 _____ Charlie Wilson.
   찰리 윌슨과 약속이 되어 있는데요.

   _____.
   치과의사와 약속(진찰)이 있어.

3 _____ a part-time job.
   나 아르바이트 구하고 있어.

   _____.
   내 열쇠를 찾고 있어.

4 _____ make a reservation.
   예약하려고 전화했어요.

   _____.
   부탁 좀 하려고 전화했어요.

5 _____ the ad for a used car.
   중고차 광고를 보고 전화했는데요.

   _____.
   내일 회의 때문에 전화했습니다.

---

1 I'm here to / I'm here to help you **2** I have an appointment with / I have an appointment with the dentist **3** I'm looking for / I'm looking for my keys **4** I'm calling to / I'm calling to ask you a favor **5** I'm calling about / I'm calling about tomorrow's meeting

05 Day

~ 해줄래요?
~ 해도 돼요?

- 029 Can I get ~?
- 030 Can I have ~?
- 031 I'll have ~
- 032 Can you get me ~?
- 033 Can you help me with ~?
- 034 Do you mind if I ~?

029 Can I get ~?

~ 주세요, ~ 줄래요?, ~해줄래요?

여기서 get은 '얻다, 받다'라는 뜻으로, 이 패턴은 상대방에게 무엇을 달라고 하거나 해달라고 할 때 아주 많이 쓰여요. 여러 상황에서 쓸 수 있지만 "치킨버거 세트 하나 주세요."처럼 특히 패스트푸드점이나 가게 같은 곳에서 주문을 할 때 많이 사용한답니다.

Can I get a cheese burger and a coke? 치즈버거와 콜라 주세요.

Can I get a receipt? 영수증 주실래요?

Can I get a refund on this? 이거 환불해주시겠어요?

Can I get your autograph? 사인해주실래요?

David	_____
	계산서 주실래요?
Waiter	Sure. I'll be right back with your check.
David	Oh my god, I forgot to bring my wallet.
Waiter	What?
David	Can I leave my cell-phone here and pay you later?
Waiter	Oh, you don't have to do that. You can pay us next time.

David: Can I get a check, please?
Waiter: 네. 계산서 바로 가져올게요.
David: 오 이런. 지갑을 깜빡하고 안 가져왔네요.
Waiter: 네?
David: 휴대폰 두고 갔다가 나중에 와서 계산해도 될까요?
Waiter: 오, 안 그러셔도 됩니다. 다음에 오실 때 내시면 되죠.

autograph 유명인의 친필 사인

Can I have ~?

~ 좀 주시겠어요?, ~해도 될까요?

직역하면 '~을 가져도 될까요?'니까, '~ 좀 주시겠어요?'라는 의미가 됩니다. 상대방에게 무엇을 요청하거나 허락을 구할 때 많이 쓰는 패턴이에요. 앞에 나온 「Can I get ~?」 패턴과 거의 비슷한 의미로 사용합니다.

Can I have another plate, please? 접시 하나 더 주시겠어요?
Can I have my pen back? 내 펜 돌려줄래?
Can I have a window seat? 창가 자리로 주시겠어요?
Can I have your name and address? 이름과 주소를 알려주시겠어요?

Shawn _____
         전화번호 좀 주실래요?
Jenny   No. Why would I give you my number?
Shawn   Because I asked for it.
Jenny   I don't give out my number to just anyone.

Shawn: Can I have your phone number?
Jenny: 아니요. 내가 왜 댁한테 내 전화번호를 주겠어요?
Shawn: 내가 물어봤으니까요.
Jenny: 난 아무에게나 내 전화번호를 주고 그러지 않아요.

give something out (많은 사람들에게) ~을 나눠주다

031 I'll have ~

~ 먹을래, ~로 할게, ~ 주세요

우리말로 딱 '~ 먹을래', '~로 할게'에 해당하는 패턴이 「I'll have ~」예요. 친구끼리 대화할 때도 쓰고, 레스토랑, 카페, 바 같은 곳에서 음식이나 음료를 주문할 때도 사용할 수 있답니다.

step1 패턴 활용 연습

I'll **have** the French toast.
I'll **have** the same.
I'll **have** a ham sandwich and fries.
I'll **have** a beer.

나는 프렌치토스트 먹을래.
나도 같은 거 먹을래.
햄 샌드위치와 감자튀김 주세요.
저는 맥주로 할게요.

step2 실전 회화 훈련

Waitress   Would you like something to drink to start with?
Julie   Yes, _____
           오렌지 주스 한 잔 주세요.
Waitress   And for you?
Wendy   _____
           저도 같은 거 주세요.

Waitress: 우선 음료부터 주문하시겠어요?
Julie: 네, I'll have a glass of OJ.
Waitress: 이쪽 분은요?
Wendy: I'll have the same.

OJ 오렌지 주스의 준말 = orange juice

Can you get me ~?

~ 좀 가져다 줄래?, ~ 좀 사다 줄래?, ~ 좀 구해줄래?

상대방에게 무엇을 가져다 달라고 부탁할 때 쓰는 패턴이에요. 상황에 따라 뭔가를 사다 달라고 하거나 구해달라는 뜻으로 쓰이기도 해요. 바로 눈앞에 보이는 물건을 건네달라고 할 때는 「Can you pass me ~?」나 「Can you hand me ~?」를 사용하세요.

step1 패턴 활용 연습

Can you get me a cup of coffee?
커피 한 잔만 가져다 줄래요?

Can you get me a screwdriver?
드라이버 좀 가져다 줄래?

Can you get me a hot dog on the way home?
집에 오는 길에 핫도그 좀 사다 줄래?

Can you get me that flight on the 14th, then?
그럼 14일날 비행기로 해주시겠어요?

step2 실전 회화 훈련

Lola   I'm thirsty. _____
              물 한 잔만 가져다 줄래?

Adrian   Why don't you go get it yourself?

Lola   Be a man!

Adrian   What does being a man have to do with this? You are a sexist.

Lola: 나 목말라. Can you get me a glass of water?
Adrian: 네가 직접 가져다 마시지 그래?
Lola: 남자답게 좀 굴어라.
Adrian: 남자답게 구는 거랑 이거랑 무슨 상관이야? 넌 성차별주의자야.

screwdriver 드라이버
have to do with ~ ~와 관계/관련이 있다
sexist 성차별주의자

033 Can you help me with ~?

나 ~하는 것 좀 도와줄래?

'나 좀 도와줄래?'라고 할 때는 Can you help me?라고 하는데요, '~하는 것 좀 도와줄래?'라고 구체적으로 도움을 요청할 때는 「Can you help me with ~?」 패턴을 쓰면 됩니다. 뒤에 오는 명사에 따라 설거지, 숙제, 어려운 문제 풀기, 무거운 물건 들기 등 여러 상황에서 도와달라고 할 때 쓸 수 있어요.

 step1 패턴 활용 연습

Can you help me with the dishes?   설거지 하는 것 좀 도와줄래?

Can you help me with my homework?   나 숙제 하는 것 좀 도와줄래?

Can you help me with this question?   이 문제 푸는 것 좀 도와줄래?

Can you help me with this box?   이 박스 드는 것 좀 도와줄래?

 step2 실전 회화 훈련

Hanna   _____
      나 한국어 배우는 것 좀 도와줄래?

Sue   I don't think I can. I'm not good at Korean, either.

Hanna   I thought you were Korean?

Sue   I am. But I was born and raised in the US.

Hanna: Can you help me with my Korean?
Sue: 못할 것 같은데. 나도 한국말 잘 못하거든.
Hanna: 너 한국사람 아니었니?
Sue: 맞아. 근데, 난 미국에서 태어나고 자랐거든.

034 Do you mind if I ~?

~해도 되나요?/될까요?

상대방에게 허락을 구할 때 공손하게 물어보는 패턴이에요. mind가 '꺼리다'라는 뜻이라 직역하면 '~하면 안되나요?'라는 부정의 질문이 됩니다. 그래서 이 질문에 대해 Yes라고 답하면 '응, 안돼'라는 뜻이 되지요. 반대로 허락하고 싶다면 No, go ahead. 또는 No, please do.라고 답하면 된답니다. 기분 상하지 않게 거절하고 싶다면 Please don't. 또는 I'd rather you didn't.라고 하시고요.

Do you mind if I sit here?   여기 앉아도 되나요?
Do you mind if I put my seat back?   의자 좀 뒤로 젖혀도 될까요?
Do you mind if I borrow this chair?   이 의자 써도 될까요?
Do you mind if I turn on the TV?   TV 켜도 되나요?

Craig   _____
          담배 피워도 될까?
Henry   Yes. I do.
Craig   Come on. Just one cigarette.
Henry   I'm allergic to cigarette smoke.

Craig: Do you mind if I smoke?
Henry: 안돼.
Craig: 야 왜 이래. 딱 한 대만 피우자.
Henry: 난 담배연기에 알레르기가 있단 말이야.

 집중 트레이닝

빈칸에 들어갈 패턴을 넣고, 그 패턴을 이용해 완전한 문장을 만들어보세요.

1 _____ a cheese burger and a coke?
치즈버거와 콜라 주세요.

_____?
사인해주실래요?

2 _____ another plate, please?
접시 하나 더 주시겠어요?

_____?
내 펜 돌려줄래?

3 _____ the French toast.
나는 프렌치토스트 먹을래.

_____.
나도 같은 거 먹을래.

4 _____ a hot dog on the way home?
집에 오는 길에 핫도그 좀 사다 줄래?

_____?
물 한 잔만 가져다줄래요?

5 _____ my homework?
나 숙제 하는 것 좀 도와줄래?

_____?
이 박스 드는 것 좀 도와줄래?

6 _____ I borrow this chair?
이 의자 써도 될까요?

_____ ?
TV 켜도 되나요?

1 Can I get / Can I get your autograph 2 Can I have / Can I have my pen back 3 I'll have / I'll have the same 4 Can you get me / Can you get me a glass of water 5 Can you help me with / Can you help me with this box 6 Do you mind if / Do you mind if I turn on the TV

Day 06

~ 해줄까요?

035 Can I get you ~?
036 Do you want me to ~?
037 Would you care for ~?
038 Would you like ~?
039 Would you like to ~?
040 Here is/are ~

035 Can I get you ~?

~ 가져다 드릴까요?

상대방에게 무엇이 필요한지 물어볼 때 쓰는 패턴이에요. get이 '얻다, 구하다'란 뜻이니까 「Can I get you ~?」 하면 '~을 가져다 드릴까요?'란 의미가 된답니다. 친구 사이에도 사용하고 식당에서 직원이 손님에게 물어볼 때도 쓸 수 있어요.

step1 패턴 활용 연습

Can I get you a glass of water?   물 한 잔 드릴까요?
Can I get you another drink?   한 잔 더 드릴까요?
Can I get you something to eat?   뭐 드실 것 좀 드릴까요?
Can I get you anything?   뭐 필요한 거 없나요?

step2 실전 회화 훈련

Kerry   _____
        마실 것 좀 드릴까요?
Jake   Yes, please.
Kerry   What would you like, a can of soda or water?
Jake   Both.

Kerry: Can I get you something to drink?
Jake: 네.
Kerry: 뭐 드릴까요, 탄산음료 아니면 물?
Jake: 둘 다 주세요.

036 Do you want me to ~?

내가 ~할까?

「Do you want to ~?」라고 하면 '너는 ~하길 원하니?'란 뜻이죠? 이 사이에 me가 들어가서 「Do you want me to ~?」라고 하면 '너는 내가 ~하길 원하니?'라는 뜻이 됩니다. 상대방이 선뜻 어떤 행동을 하지 못하고 머뭇거리고 있거나, 내가 무엇을 해주길 상대방이 바라지 않을까 하고 생각될 때, 내 쪽에서 먼저 '내가 ~할까?'라는 의미로 물어보는 패턴이에요.

 step1 패턴 활용 연습

Do you want me to check?	내가 확인해볼까?
Do you want me to open it?	내가 열어볼까?
Do you want me to take the wheel?	내가 운전할까?
Do you want me to come over?	내가 그리로 갈까?

 step2 실전 회화 훈련

Lola   I like him so much.

Shane _____

       걔도 너를 좋아하는지 내가 물어봐 줄까?

Lola   No! Don't do that! That'll freak him out.

Shane Who knows? He might like you, too.

Lola: 난 걔가 너무 좋아 죽겠어.
Shane: Do you want me to ask him if he likes you or not?
Lola: 안돼! 그러지 마! 걔가 완전 끔찍해할 거야.
Shane: 그걸 누가 알아? 걔도 너를 좋아할지도 모르잖아.

freak someone out 누군가를 질겁하게 하다
Who knows? 누가 알겠니?, 그건 아무도 모른다

Would you care for ~?

~ 드시겠어요?, ~ 드릴까요?

상대방이 무엇을 원하는지 정중하게 물어볼 때 사용하는 패턴이에요. care for 뒤에는 명사가 오는데, 주로 음식을 권할 때 많이 씁니다. Care for a smoke?(한 대 피울래요?)처럼 Would you 없이 그냥 「Care for ~?」로 쓰기도 해요. 비슷한 형태의 「Would you care to+동사원형?」은 상대방이 무엇을 하고 싶은지 정중하게 물어볼 때 사용합니다.

 step1 패턴 활용 연습

Would you care for dessert?	후식 드시겠어요?
Would you care for a cup of coffee?	커피 한 잔 드릴까요?
Would you care for something to drink?	마실 거 한 잔 드릴까요?
Would you care for some nuts?	땅콩 좀 드릴까요?

 **step2 실전 회화 훈련**

Sean	_____
	물 한 잔 드릴까요?
TJ	Do you have anything other than water?
Sean	I'm sorry, but all I have is water.
TJ	Okay then, no thanks.

Sean: Would you care for a glass of water?
TJ: 혹시 물 말고 다른 건 없나요?
Sean: 죄송하지만, 물밖에 없는데요.
TJ: 네, 그럼, 안 마실게요.

038 Would you like ~?

~ 드릴까요?, ~ 하시겠어요?

상대방이 무엇을 원하는지 공손하게 물어볼 때 사용하는 패턴이에요. 뒤에 오는 명사에 따라 음식뿐만 아니라 다양한 대상에 관해 물어볼 수 있어요. 특히 레스토랑이나 비행기 등 서비스업종에서 근무하는 사람들로부터 많이 들을 수 있는 패턴이랍니다.

 step1 패턴 활용 연습

Would you like a tea? — 차 드릴까요?
Would you like a bite? — 한 입 드실래요?
Would you like a drink? — 한 잔 하실래요?
Would you like an aisle or a window seat? — 통로와 창가 자리 중 어디로 하시겠어요?

 **step2 실전 회화 훈련**

Waitress _____
리필 해드릴까요?

Joe   Yes, please. And also, can I get the dessert menu?

Waitress Sure. I'll be right back with your menu.

Joe   Thanks.

Waitress: Would you like a refill?
Joe: 네, 그러세요. 그리고, 디저트 메뉴 좀 가져다 주시겠어요?
Waitress: 네 그러죠. 바로 메뉴 가져다 드릴게요.
Joe: 고마워요.

039 Would you like to ~?

~ 하시겠어요?, ~하실래요?

상대방이 무엇을 하고 싶은지 공손하게 의향을 물어볼 때 사용하는 패턴이에요. 앞에 나온 「Would you like ~?」와 다른 점은 뒤에 명사가 아니라 'to+동사원형'이 온다는 거예요. 레스토랑, 호텔, 상점 등에서 종업원이 쓰기도 하지만, 그냥 친구 사이에도 예의 바르게 물어볼 때 사용할 수 있어요.

 step1 패턴 활용 연습

Would you like to dance?	춤 추실래요?
Would you like to sit over here?	여기 앉으시겠어요?
Would you like to leave a message?	메시지를 남기시겠어요?
Would you like to play a game?	게임 하실래요?

 step2 실전 회화 훈련

Fred _____
저하고 커피 한 잔 하실래요?

Natalie I'm sorry, I'm in a relationship.

Fred Is that a problem? I just wanted to have a little chat with you.

Natalie My boyfriend is very possessive. He will go crazy if he finds out.

Fred: Would you like to have a cup of coffee with me?
Natalie: 죄송해요, 전 사귀는 사람이 있어요.
Fred: 그게 무슨 문제가 되죠? 난 그저 당신과 대화를 좀 나누고 싶어서 그러는 건데.
Natalie: 내 남자친구는 소유욕이 너무 강해요. 알면 난리 날 거예요.

in a relationship 사귀는 상대가 있는
chat 대화, 수다, 잡담
possessive 소유욕이 있는
find out ~에 대해서 알게 되다

040 Here is/are ~

여기 ~ 있어요

물건을 건네주면서 "여기 ~ 있어요"라고 할 때 가장 많이 사용하는 패턴이에요. 줄여서 「Here's ~」라고도 해요. 건네주는 물건이 한 개면 「Here is ~」, 여러 개라면 「Here are ~」라고 하면 되겠죠. 물건을 건넬 때뿐만 아니라 예를 들어 설명하거나 아이디어, 계획, 이야기 등을 소개하려고 할 때도 많이 사용합니다.

step1 패턴 활용 연습

Here is a pen.	여기 펜 있어요.
Here is my business card.	여기 제 명함이에요.
Here are our tickets.	여기 우리 티켓이야.
Here are some examples.	여기 몇 가지 예가 있습니다.

step2 실전 회화 훈련

Mom	_____
	여기 이번 달 네 용돈(allowance)이다.
Brian	This is it?
Mom	You don't think this is enough?
Brian	I can't live with only 50,000 won a month.
Mom	Take it or leave it.

Mom: Here is your allowance for this month.
Brian: 이게 전부예요?
Mom: 왜 이 정도론 충분한 것 같지 않아?
Brian: 겨우 5만 원 갖고 한 달을 어떻게 살아요.
Mom: 싫으면 말든지!

allowance 용돈
Take it or leave it. 받든지 말든지 양단간에 골라라, 싫으면 말든지!

 집중 트레이닝

빈칸에 들어갈 패턴을 넣고, 그 패턴을 이용해 완전한 문장을 만들어보세요.

1 _____ a glass of water?
   물 한 잔 드릴까요?

   _____?
   뭐 필요한 거 없나요?

2 _____ take the wheel?
   내가 운전할까?

   _____?
   내가 열어볼까?

3 _____ a cup of coffee?
   커피 한 잔 드릴까요?

   _____?
   땅콩 좀 드릴까요?

4 _____ an aisle or a window seat?
   통로와 창가 자리 중 어디로 하시겠어요?

   _____?
   한 입 드실래요?

5 _____ dance?
   춤 추실래요?

   _____?
   메시지를 남기시겠어요?

6 _____ my business card.
여기 제 명함이에요.

_____.
여기 펜 있어요.

1 Can I get you / Can I get you anything   **2** Do you want me to / Do you want me to open it   **3** Would you care for / Would you care for some nuts   **4** Would you like / Would you like a bite   **5** Would you like to / Would you like to leave a message   **6** Here is / Here is a pen

07

~하는 게 어때?
~하자

41 How about ~?
42 What about ~?
43 Let's go for ~
44 Let's talk over ~
45 Let's not ~
46 Why don't you ~?
47 Why not ~?
48 Why don't we ~?
49 What do you say we ~?

How about ~?

~는 어때?, ~하는 건 어때?

대화를 나누다가 '~는 어때?'라고 무언가를 제안할 때 쓰는 패턴이에요. How about 뒤에 명사가 오면 '~는 어때?'란 뜻이 되고, 동명사나 문장이 오면 '~하는 건 어때?'란 뜻이 됩니다. 그리고 How about you?라고 하면 "너는 어때?"라고 상대방의 의견이나 상태를 묻는 질문이 된답니다.

step1 패턴 활용 연습

How about Saturday?	토요일은 어때?
How about this one?	이건 어때?
How about we go on a double date?	우리 더블데이트 하는 건 어때?
How about going to the movies?	영화 보러 가는 건 어때?

step2 실전 회화 훈련

Tim　_____
　　　점심으로 피자 어때?

Fay　　I had pizza for breakfast.

Tim　　No way. Who has pizza for breakfast?

Fay　　It was leftover from yesterday.

Tim: How about pizza for lunch?
Fay: 아침에도 피자 먹었어.
Tim: 말도 안돼. 아침으로 피자 먹는 사람이 어디 있나?
Fay: 어제 먹다가 남은 거였어.

> **go on a date** 데이트하다
> **No way!** 말도 안돼!
> **leftover** (식사 후에) 남은 음식
> cf) leave over ~을 남겨두다

042 What about ~?

~는 어쩌고?, ~는 어때?

「What about ~?」은 「How about ~?」과 마찬가지로 단순히 '~는 어때?'라는 의미로 쓰이기도 하지만, 대화 중 상대가 놓치고 있는 것을 일깨워줄 때 '~는 어쩌고?'라는 의미로 많이 사용해요. 그리고 What about it?은 '그게 어쨌는데?', '그게 왜?'라는 의미인데, 때로는 상대의 말에 언짢음을 표현하기 위해 쓰이기도 하죠.

step1 패턴 활용 연습

What about a sandwich? Can you make a tuna sandwich?
샌드위치는 어때? 너 참치 샌드위치 만들 수 있어?

What about me? I'm not invited?
나는 어쩌고? 나는 초대 안됐어?

What about the kids? They need me.
애들은 어쩌고? 걔들은 내가 필요해.

What about the cost? It must be quite expensive.
비용은 어쩌고? 그거 꽤 비쌀 거야.

step2 실전 회화 훈련

Sandy   We are going out for dinner.
Christina   _____
나는 어쩌고?
Sandy   _____
네가 어쨌는데?
Christina   I'm hungry, too.
Sandy   Don't worry. We are all going out together.

Sandy: 우리 저녁 먹으러 나갈 거다.
Christina: What about me?
Sandy: What about you?
Christina: 나도 배고프단 말이야.
Sandy: 걱정 마. 우리 다 같이 갈 거야.

043 Let's go for ~

~하러 가자

"한잔 하러 가자.", "산책하러 가자."처럼 '~하러 가자'라고 할 때 쓰는 패턴이에요. 우리말의 '~하러 가자'를 그대로 영어로 바꿔주면 돼요. '하자'의 Let's, '가다'의 go, '목적'의 for를 사용해서 「Let's go for +명사」라고 하면 된답니다.

step1 패턴 활용 연습

Let's go for a drink.   한 잔 하러 가자.
Let's go for a walk in the woods.   숲에 산책하러 가자.
Let's go for coffee.   커피 마시러 가자.
Let's go for lunch now.   지금 점심 먹으러 가자.

step2 실전 회화 훈련

Yvonne   I'm so bored.

Mindy   _____
          커피 마시러 가자.

Yvonne   No, _____
          술 마시러 가자.

Mindy   All right, if that's what you want.

Yvonne: 아, 진짜 심심해.
Mindy: Let's go for coffee.
Yvonne: 아니, let's go for a drink.
Mindy: 알았어, 네가 원하는 게 그거라면 그렇게 해야지.

044 Let's talk over ~

~하면서 얘기하자

여기에서 over는 '~동안, ~하는 중에'란 뜻으로, 「Let's talk over ~」라고 하면 '~하면서 얘기하자'란 뜻이 된답니다. over 뒤에는 명사가 오고, 같은 의미로 「Let's chat over ~」라고 해도 돼요. chat을 '수다'로만 알고 있는 분들이 있는데, 일반적인 대화는 모두 chat이라고 할 수 있어요.

step1 패턴 활용 연습

Let's talk over coffee.   커피 마시면서 얘기하자.
Let's talk over a cup of tea.   차 한 잔 하면서 얘기하자.
Let's talk over lunch.   점심 먹으면서 얘기하자.
Let's talk over dinner.   저녁 먹으면서 얘기하자.

step2 실전 회화 훈련

Joseph   Did you call me a liar?
Gary   Who told you that?
Joseph   Paul told me.
Gary   _____
          커피 마시면서 얘기하자.

Joseph: 너 나보고 거짓말쟁이라고 했니?
Gary: 누가 그래?
Joseph: 폴이 그러던데.
Gary: Let's talk over coffee.

045 Let's not ~

~하지 말자

「Let's ~」가 '~하자'라는 건 모두 아시죠? 그럼 '~하지 말자'는? 「Let's not ~」이에요. 참 쉽죠? 뒤에는 Let's와 마찬가지로 동사원형이 옵니다. not과 동사원형 사이에는 왠지 to를 써야 할 것 같지만, 여기서는 그렇지 않고 그냥 바로 동사원형을 쓴다는 걸 꼭 알아두세요.

step1 패턴 활용 연습

Let's not do this. 이러지 말자.
Let's not waste any more time. 더 이상 시간낭비 하지 말자.
Let's not talk about it anymore. 그것에 관해 더 이상 얘기하지 말자.
Let's not run a risk. 위험을 무릅쓰지 말자.

step2 실전 회화 훈련

James   *Iron Man 3* was awesome.
Dan   I thought it wasn't as good as *Iron Man 2*.
James   What are you talking about? It was the best!
Dan   _____
        우리 다투지 말자.

James: '아이언 맨 3' 장난 아니더라.
Dan: 내가 보기엔 '아이언 맨 2'보다 못한 것 같던데.
James: 무슨 소리야? 완전 최고였다고!
Dan: Let's not argue.

Why don't you ~?
~하는 게 어때?, ~하지 그래?

직역하면 '너 왜 ~안 하니?'이지만, 실제론 "너 며칠 쉬는 게 어때?", "직원을 한 명 뽑지 그래?"처럼 '~하는 게 어때?'라고 상대방에게 뭔가를 권유하거나 제안할 때 쓰는 패턴이에요. 뒤에는 동사원형이 옵니다.

step1 패턴 활용 연습

Why don't you ask Mr. Lawrence? 로렌스 씨에게 물어보는 게 어때?
Why don't you wait inside? 안에서 기다리는 게 어때요?
Why don't you go see a doctor? 병원에 가보는 게 어때?
Why don't you just tell her? 그냥 그녀에게 말하는 게 어때?

step2 실전 회화 훈련

Ryan I have a question.
Seri Shoot!
Ryan What should I do to make you love me?
Seri _____
      정신과 의사(therapist)를 만나보는 게 어때?
Ryan You are so mean.

Ryan: 질문이 있어.
Seri: 해봐.
Ryan: 네가 날 사랑하게 만들려면 어떻게 해야 하니?
Seri: Why don't you go see a therapist?
Ryan: 너 너무 못됐다.

Shoot! (상대방이 어떤 말을 하고 싶어 할 때) 말해봐, 그래 해봐 = Go ahead!
therapist 정신과 의사 = psychotherapist
mean 성격이 못된; 상냥하지 않은

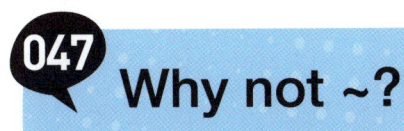

047 Why not ~?
~하는 게 어때?, ~하지 그래?

「Why not+동사원형?」은 「Why don't you ~?」와 마찬가지로 '~하는 게 어때?'라고 상대방에게 무엇을 제안할 때 쓰는 패턴이에요. 「Why not just ~」라고도 많이 하는데, 그러면 '그냥 ~하는 게 어때?'라는 뜻이 됩니다. 그냥 Why not?까지만 말하면 '왜 안돼?', '안될 게 뭐 있어?'란 의미인데요, 그래서 「Why not+명사?」는 '~라고 안될 거 없잖아?'란 의미가 된답니다.

step1 패턴 활용 연습

Why not give it a try?   한번 시도해보는 게 어때?
Why not go and have a look?   가서 한번 보는 게 어때?
Why not just admit it?   그냥 인정하는 게 어때?
Why not just say so?   그냥 그렇게 말하는 게 어때?

step2 실전 회화 훈련

Brad   I like your sister. Would you set me up with her?
Emily   _____
        네가 그냥 데이트 신청하는 게 어때?
Brad   But I don't have her phone number.
Emily   I'll give it to you.

Brad: 난 네 동생이 좋아. 소개 좀 시켜줄래?
Emily: Why not just ask her out?
Brad: 난 걔 전화번호도 몰라.
Emily: 내가 줄게.

> **give it a try** 한번 해보다, 시도하다
> **set (someone) up with (someone)** ~를 ~와 소개시켜 주다

048 Why don't we ~?
우리 ~하는 게 어때?, 우리 ~할까?

「Why don't you ~?」는 상대방에게 '~하는 게 어때?'라고 권유하는 패턴이지만, '우리 ~하는 게 어때?'라고 함께 뭔가를 하자고 제안할 때는 「Why don't we ~?」 패턴을 쓰면 됩니다.

step1 패턴 활용 연습

Why don't we eat out? 우리 외식하는 게 어때?
Why don't we take a break? 우리 좀 쉬는 게 어때?
Why don't we go for a drink? 우리 한 잔 하러 갈까?
Why don't we adopt a cat? 우리 고양이 기를까?

step2 실전 회화 훈련

Wayne _____
        우리 같이 공부하는 게 어때?
Cody   Why would I do that?
Wayne   Because we are friends.
Cody   Are we?

Wayne: Why don't we study together?
Cody: 내가 왜 너랑 공부를 같이 하니?
Wayne: 친구니까.
Cody: 우리가?

adopt 입양하다

049 What do you say we ~?

우리 ~하는 거 어때?

상대방의 의견을 물어볼 때 What do you think?(넌 어떻게 생각해?)라고 하는데, 비슷한 의미로 구어체에서는 What do you say?(네 생각은 어때?)도 많이 씁니다. 그런데 「What do you say we ~?」 형태로 뒤에 다른 내용이 더 오면 '우리 ~하는 거 어때?', '우리가 ~하는 거 어떻게 생각해?'라는 의미가 된답니다.

 step1 패턴 활용 연습

What do you say we go out to dinner? — 우리 저녁은 외식하는 게 어때?

What do you say we go for a walk? — 우리 산책 좀 하는 게 어때?

What do you say we go grab a drink? — 우리 한 잔 하러 가는 게 어때?

What do you say we take the rest of the day off? — 우리 오늘은 그만 일을 마무리하는 게 어때?

 step2 실전 회화 훈련

Gil   _____
       우리 결혼하는 거 어때?

Monica What did you just say?

Gil   Let's get married!

Monica Get real!

Gil: What do you say we get married?
Monica: 지금 방금 뭐라 그랬니?
Gil: 우리 결혼하자!
Monica: 정신차려!

> **Get real!** 정신차려!, 헛소리 하지 마!, 바보 같은 소리 하지 마!

빈칸에 들어갈 패턴을 넣고, 그 패턴을 이용해 완전한 문장을 만들어보세요.

1 _____ we go on a double date?
우리 더블데이트 하는 건 어때?

_____?
이건 어때?

2 _____ the cost? It must be quite expensive.
비용은 어쩌고? 그거 꽤 비쌀 거야.

_____ They need me.
애들은 어쩌고? 걔들은 내가 필요해.

3 _____ a walk in the woods.
숲에 산책하러 가자.

_____.
한 잔 하러 가자.

4 _____ coffee.
커피 마시면서 얘기하자.

_____.
점심 먹으면서 얘기하자.

5 _____ waste any more time.
더 이상 시간낭비 하지 말자.

_____.
우리 다투지 말자.

6 _____ go see a doctor?

병원에 가보는 게 어때?

_____?

안에서 기다리는 게 어때요?

7 _____ give it a try?

한번 시도해보는 게 어때?

_____?

그냥 그렇게 말하는 게 어때?

8 _____ adopt a cat?

우리 고양이 기를까?

_____?

우리 좀 쉬는 게 어때?

9 _____ take the rest of the day off?

우리 오늘은 그만 일을 마무리하는 게 어때?

_____?

우리 저녁은 외식하는 게 어때?

---

1 How about / How about this one **2** What about / What about the kids?
3 Let's go for / Let's go for a drink **4** Let's talk over / Let's talk over lunch
5 Let's not / Let's not argue **6** Why don't you / Why don't you wait inside **7** Why not / Why not just say so **8** Why don't we / Why don't we take a break **9** What do you say we / What do you say we go out to dinner

08

~하는 게 좋을 거야

- 050　I think you should ~
- 051　I want you to ~
- 052　You'd better ~
- 053　You'd better not ~
- 054　You don't wanna ~
- 055　You might want to ~
- 056　You might as well ~
- 057　Maybe we should ~
- 058　You deserve ~

050 I think you should ~

너 ~하는 게 좋을 것 같아, 너 ~하는 게 좋겠다

「You should ~」는 '너는 ~하는 것이 좋다/마땅하다'라는 뜻인데요, 여기에 I think가 앞에 붙어 「I think you should~」가 되면 '나는 네가 ~하는 게 좋을 것 같아'라고 좀 더 조심스럽게 자신의 의견을 말하는 패턴이 된답니다.

step1 패턴 활용 연습

I think you should apologize to him.
난 네가 그에게 사과하는 게 좋을 것 같아.

I think you should go home.
너 집에 가는 게 좋을 것 같다.

I think you should get some rest.
너 좀 쉬는 게 좋겠다.

I think you should be more careful.
너 더 조심하는 게 좋겠다.

step2 실전 회화 훈련

BJ   I want to go to Harvard.
Coleen   Why don't you go?
BJ   My GPA is not good enough.
Coleen   _____

더 열심히 노력해야 할 것 같구나.

BJ: 나 하버드 가고 싶어.
Coleen: 가면 되잖아?
BJ: 내 학점이 별로야.
Coleen: I think you should try harder.

GPA 평균학점 = Grade Point Average

051 I want you to ~

네가 ~하면 좋겠어

직역하면 '나는 네가 ~하길 바란다'인데요, 상대방이 어떤 행동을 해주거나 어떻게 되었으면 하는 바람을 나타낼 때 쓰는 패턴이에요. "네가 내 아내가 되어주면 좋겠어.", "당신이 오래 살았으면 좋겠어요."처럼 말할 때 쓸 수 있어요.

 step1 패턴 활용 연습

I want you to meet my parents.   네가 우리 부모님을 만났으면 좋겠어.

I want you to be nice to him.   네가 그에게 친절했으면 좋겠어.
I want you to have my child.   네가 내 아이를 낳아줬으면 좋겠어.
I want you to be happy.   네가 행복했으면 좋겠어.

 step2 실전 회화 훈련

Stacey　　_____
　　　　　네가 내 남자친구를 만나줬으면 좋겠어.
Dick　　　I don't want to meet your boyfriend.
Stacey　　Why not?
Dick　　　Don't you know? I've been secretly in love with you.

Stacey: I want you to meet my boyfriend.
Dick: 난 네 남자친구를 만나기 싫어.
Stacey: 왜 싫어?
Dick: 모르니? 난 널 몰래 사랑해 왔다고.

052 You'd better ~

~하는 게 좋을 거야

이 패턴은 단순히 상대방에게 조언할 때도 쓰지만, '후회하지 않으려면 ~하는 게 좋을 거야'라고 충고하거나, '~하지 않으면 혼날 줄 알아'라고 경고할 때도 사용합니다. 원래 「You'd better ~」는 「You had better ~」를 줄인 것인데, 회화체에서는 그냥 had를 빼버리고 「You better ~」라고 말하는 경우도 많아요.

step1 패턴 활용 연습

You'd better ask someone else.	다른 사람한테 물어보는 게 좋을 거야.
You'd better make a reservation before going.	가기 전에 예약하는 게 좋을 거야.
You'd better hurry or you'll miss the train.	서두르지 않으면 기차를 놓칠 거야.
You'd better watch your mouth.	입조심하는 게 좋을 거야.

step2 실전 회화 훈련

Hewett I'm going on a trip to Pusan next weekend.
Isabelle How nice!
Hewett But I haven't made a hotel reservation yet.
Isabelle It's a busy season. _____
         가기 전에 서둘러 예약하는 게 좋을 거야.

Hewett: 나 다음 주말에 부산으로 여행 간다.
Isabelle: 우와 좋겠다!
Hewett: 근데 아직 호텔 예약을 못했어.
Isabelle: 지금 성수기야. You'd better hurry and make a reservation before going.

busy season 성수기

053 You'd better not ~
~하지 않는 게 좋을 거야

"그를 만나지 않는 게 좋을 거야.", "아무한테도 얘기하지 않는 게 좋을 거야.", 처럼 '~하지 않는 게 좋을 거야'라고 부정형으로 충고하거나 경고할 때 쓰는 패턴이에요. 역시 회화체에서는 'd를 빼고 그냥 You better not.이라고도 많이 쓴답니다.

 step1 패턴 활용 연습

You'd better not expect too much.
너무 기대하지 않는 게 좋을 거야.

You'd better not say anything about it.
그것에 관해 얘기하지 않는 게 좋을 거야.

You'd better not watch this movie.
이 영화 안 보는 게 좋을 거야.

You'd better not believe what he says.
그가 하는 말은 안 믿는 게 좋을 거야.

 step2 실전 회화 훈련

Tony   I saw Chuck and Bianca kissing.
Eunice   Oh my God. Isn't Chuck going out with Jenny?
Tony   Yeah, what should I do? Should I tell Jenny about it?
Eunice   _____
         걔한테는 얘기하지 않는 게 좋을 거야.

Tony: 나 척하고 비앙카하고 키스하는 거 봤다.
Eunice: 오 이런. 척하고 제니하고 사귀는 것 아니었니?
Tony: 맞아. 어쩌지? 제니한테 얘기해야 할까?
Eunice: You'd better not tell her.

054 You don't wanna ~
~하지 않는 게 좋을 거야

want to를 회화체에서는 wanna라고 많이 하죠. 「You don't wanna ~」를 직역하면 '너는 ~하고 싶지 않다'이지만 의역하면 '(알고 나면) ~하고 싶지 않을걸'이란 뜻이 됩니다. 그래서 이 패턴은 '~하지 않는 게 좋을 거야'란 의미로 조언할 때 사용합니다.

step1 패턴 활용 연습

You don't wanna know.	모르는 게 좋을 거야.
You don't wanna do that.	그러지 않는 게 좋을 거야.
You don't wanna see this.	이거 안 보는 게 좋을 거야.
You don't wanna work with him.	그와 함께 일하지 않는 게 좋을 거야.

step2 실전 회화 훈련

Karina   This is too hard. I'm just gonna give it up.
Lynn   _____
         그러지 않는 게 좋을 거야.
Karina   But I can't take it any more.
Lynn   Don't be a quitter.

Karina: 너무 힘들다. 나 그냥 포기할래.
Lynn: You don't wanna do that.
Karina: 하지만 더 이상 못 견디겠어.
Lynn: 쉽게 포기하지 마.

quitter 쉽게 포기하는 사람

055 You might want to ~

~하는 게 좋을 거야

여기서 might는 '~할지도 모른다'는 추측을 나타내는데요. 직역하면 '너는 ~하는 걸 원할지도 모른다'입니다. 이 말은 곧 '너 ~하는 게 좋을 거야'란 뜻으로, 조언할 때 사용하는 패턴이 되지요. 앞에 나온 「You don't wanna ~」와 함께 알아두면 좋아요.

step1 패턴 활용 연습

You might want to try this.
이거 시도해보는 게 좋을 거야.

You might want to see this movie.
이 영화 보는 게 좋을 거야.

You might want to change your password.
비밀번호 바꾸는 게 좋을 거야.

You might want to keep that in mind.
그거 기억해두는 게 좋을 거야.

step2 실전 회화 훈련

Avery   It's already midnight. There's no bus.
Matt   _____
        택시 타는 게 좋을 거야.
Avery   But I have no money.
Matt   I'll lend you some money.

Avery: 벌써 밤 열두 시네. 버스가 없어.
Matt: You might want to take a cab.
Avery: 나 돈 없는데.
Matt: 내가 좀 꿔줄게.

keep something in mind
~을 명심하다/기억해 두다

056 You might as well ~

너 (차라리) ~하는 게 낫겠다/나을 거야

"한 시간 동안 버스를 기다릴 바에는 차라리 걸어가는 게 낫겠다.", "어차피 해야 할 일이라면 차라리 지금 하는 게 낫겠다."처럼, might as well은 어떤 상황에서 다른 더 나은 대안이 없으니 '(기왕에/어차피 이렇게 된 거) ~하는 게 낫겠다'라고 얘기할 때 사용합니다. You 대신 We나 I를 주어로 해서 말할 수도 있고, 뒤에는 동사원형이 옵니다.

step1 패턴 활용 연습

You might as well throw it away.
너 차라리 그거 버리는 게 낫겠다.

You might as well walk there.
너 차라리 거기까지 걸어가는 게 나을 거야.

You might as well accept the offer.
그 제안 받아들이는 게 나을 거야.

You might as well do it now.
너 그거 차라리 지금 하는 게 낫겠다.

step2 실전 회화 훈련

Jason   I feel like you're hiding something from me.
Laura   I'm not hiding anything from you. Why would you think so?
Jason   Come on. _____
                       기왕 이렇게 된 거 그냥 털어놓는(come clean) 게 나을 거야.
Laura   I don't know what you are talking about.

Jason: 너 나한테 뭔가 숨기는 게 있는 것 같아.
Laura: 너한테 숨기는 거 없는데. 왜 그렇게 생각하는 거니?
Jason: 왜 이래. You might as well just come clean.
Laura: 네가 무슨 소리를 하는 건지 모르겠다.

come clean 실토하다, 자백하다

057 Maybe we should ~

어쩌면 우리 ~해야 할지도 모르겠다

「We should ~」는 '우리 ~하는 게 좋다/바람직하다'라는 뜻인데요, 여기에 '아마도, 어쩌면'이라는 뜻의 maybe가 붙어서 「Maybe we should + 동사원형」이라고 하면 '어쩌면 우리 ~해야 할지도 모르겠다'라는 의미가 됩니다. 확실하진 않지만 어떻게 하는 게 좋을 것 같다고 하거나 그래야 할 것 같다고 말할 때 쓰는 패턴이에요. 여기서 '우리'가 아니라 '나'로 얘기하려면 we 대신 I를 넣으면 되겠죠. 그리고 '어쩌면 ~하지 않는 게 좋겠다'는 부정문은 「Maybe we should not ~」이 됩니다.

 step1 패턴 활용 연습

Maybe we should listen to him.
어쩌면 우리 그의 말을 들어야 할지도 모르겠다.

Maybe we should wait until tomorrow.
어쩌면 우리 내일까지 기다려야 할지도 모르겠다.

Maybe we should go back home.
어쩌면 우리 집에 돌아가야 할지도 모르겠다.

Maybe we should all give it up.
어쩌면 우리 모두 포기해야 할지도 모르겠다.

 **step2 실전 회화 훈련**

Amy   I can't wait 'til we go to this party.
Scarlet How many people do you think are going to be there?
Amy   I don't know, maybe about a hundred.
Scarlet _____ I have a phobia of crowds.
        어쩌면 난 안 가는 게 나을지도 모르겠다.

phobia 공포증

Amy: 나 이 파티에 가고 싶어 죽겠어.
Scarlet: 이 파티에 사람이 몇 명쯤 올 것 같니?
Amy: 글쎄, 한 100명 정도.
Scarlet: Maybe I should not go. 난 사람들 많은 데 가는 게 무서워.

058 You deserve ~

너는 ~해도 돼, 너는 ~하는 게 마땅해, 너는 ~할 자격이 있어

deserve는 '~을 누릴 자격이 있다, ~해야 마땅하다'라는 뜻인데요, 「You deserve ~」라고 하면 '너는 ~할 자격이 있다', '너는 ~을 받을 만하다'란 의미가 됩니다. "그렇게 열심히 했으니 넌 상을 받아 마땅해.", "그 동안 하루도 빠짐없이 일만 했으니 넌 좀 쉬어도 돼."처럼 쓸 수 있어요. 상대방이 "나에게 이렇게 좋은 일이 생겨도 되는 거야?"라고 한다면 You deserve it.이라고 해주세요.^^

step1 패턴 활용 연습

You deserve a break today. 너는 오늘 쉬어도 돼.
You deserve a reward. 너는 상을 받아 마땅해.
You deserve to be happy. 너는 행복할 자격이 있어.
You deserve to have some fun. 너는 좀 즐겨도 돼.

step2 실전 회화 훈련

Drexler   Sera called me a worthless human being.
Patrick   How could she? _____
          네가 어찌 그런 대접밖에 못 받냐.(너는 더 나은 대접을 받아야 돼.)
Drexler   I know. She was totally out of line.

Drexler: 세라가 나보고 무가치한 인간이래.
Patrick: 어떻게 그럴 수가 있지? You deserve better than that.
Drexler: 내 말이. 그녀는 도가 지나쳤어.

out of line 도가 지나친

 **집중 트레이닝**

빈칸에 들어갈 패턴을 넣고, 그 패턴을 이용해 완전한 문장을 만들어보세요.

1 _____ apologize to him.
난 네가 그에게 사과하는 게 좋을 것 같아.

_____.
너 집에 가는 게 좋을 것 같다.

2 _____ meet my parents.
네가 우리 부모님을 만났으면 좋겠어.

_____.
네가 행복했으면 좋겠어.

3 _____ hurry or you'll miss the train.
서두르지 않으면 기차를 놓칠 거야.

_____.
입조심하는 게 좋을 거야.

4 _____ say anything about it.
그것에 관해 얘기하지 않는 게 좋을 거야.

_____.
너무 기대하지 않는 게 좋을 거야.

5 _____ do that.
그러지 않는 게 좋을 거야.

_____.
모르는 게 좋을 거야.

6 _____ take a cap.

택시 타는 게 좋을 거야.

_____.

이거 시도해보는 게 좋을 거야.

7 _____ throw it away.

너 차라리 그거 버리는 게 낫겠다.

_____.

너 차라리 거기까지 걸어가는 게 나을 거야.

8 _____ listen to him.

어쩌면 우리 그의 말을 들어야 할지도 모르겠다.

_____.

어쩌면 우리 내일까지 기다려야 할지도 모르겠다.

9 _____ a reward.

너는 상을 받아 마땅해.

_____.

너는 행복할 자격이 있어.

---

1 I think you should / I think you should go home   **2** I want you to / I want you to be happy   **3** You'd better / You'd better watch your mouth   **4** You'd better not / You'd better not expect too much   **5** You don't wanna / You don't wanna know   **6** You might want to / You might want to try this   **7** You might as well / You might as well walk there   **8** Maybe we should / Maybe we should wait until tomorrow   **9** You deserve / You deserve to be happy

09

~는 어때?

- 059 How's ~?
- 060 How was ~?
- 061 How do you like ~?
- 062 What is ~ like?
- 063 What's it like ~?
- 064 What does ~ look like?

059 How's ~?

~는 어때?

"학교생활은 어때? 친구 많이 사귀었어?", "허리는 좀 어때? 많이 나았어?", "아버지는 어때? 건강하셔?"처럼 누군가의 안부를 물어볼 때 아주 유용하면서도 쉬운 패턴이 「How's ~?」랍니다. 「How is ~?」로도 많이 쓰죠. 뒤에 오는 명사에 따라 학교생활, 직장생활, 건강, 컨디션 등 여러 궁금한 것의 형편이나 상태에 관해 물어볼 수 있어요.

How's school?　　　　　학교생활은 어때?
How's business?　　　　사업은 좀 어때?
How's your leg?　　　　다리는 좀 어때?
How's your father?　　아버지는 좀 어떠셔?

Rosa _____
　　　새 학교는 어때?
Andy　It's terrible.
Rosa　Tell me more about it.
Andy　I don't want to talk about it.

Rosa: How's the new school?
Andy: 끔찍해.
Rosa: 좀 더 얘기해봐.
Andy: 얘기하고 싶지 않아.

060 How was ~?

~는 어땠어?

형태나 의미로는 단순히 How is의 과거형이지만, 보통 안부를 물을 때 주로 사용하는 「How's ~?」와 달리 「How was ~?」는 하루일과, 다녀온 여행, 파티 등 상대방의 최근 경험에 대한 소감을 물어볼 때 주로 사용합니다. How was it?과 How was your day? 등은 관용표현처럼 많이 사용된답니다.

 step1 패턴 활용 연습

How was the movie? 영화 어땠어?
How was your trip? 여행 어땠어?
How was dinner? 저녁식사 어땠어?
How was your day? 오늘 하루 어땠어?

step2 실전 회화 훈련

April　_____
　　　 파티 어땠어?
June 　We had a blast.
April 　Really? I wish I had been there.
June 　I wish you had been there, too.

April: How was the party?
June: 엄청 신나게 놀았어.
April: 정말? 나도 갔으면 좋았을걸.
June: 너도 거기 같이 있었으면 좋았을 텐데.

have a blast 신나게 즐기다; 아주 즐거운 한때를 보내다

061 How do you like ~?

~가 어때? ~가 마음에 들어?

"나 새로 한 머리 어때?", "이번에 옮긴 직장 어때?"처럼 무엇이 마음에 드는지 어떤지 상대방의 생각을 물어볼 때 쓰는 패턴이에요. 뒤에는 명사나 동명사가 올 수 있습니다. 음식 맛이 어떤지 물어볼 때, 뭔가를 보여주고 마음에 드는지 물어볼 때 등, 간단히 "어때?"라고 묻고 싶다면 How do you like it?이라고 하면 돼요.

step1 패턴 활용 연습

How do you like my hair? — 내 머리스타일 어때?
How do you like my dress? — 내 드레스 어때?
How do you like your new job? — 너 새 직장 어때?
How do you like living in New York? — 뉴욕에 사는 거 어때?

step2 실전 회화 훈련

Bruce _____
서울에 사는 거 어때?

Diana   Seoul is the most exciting city I've ever lived in.

Bruce   Even more exciting than New York?

Diana   A whole lot more.

Bruce: How do you like living in Seoul?
Diana: 서울은 내가 지금까지 살아본 도시 중에서 가장 신나는 도시야.
Bruce: 뉴욕보다도 더 신나?
Diana: 훨씬 더.

> **a whole lot** 아주 많이; a lot의 강조형

062 What is ~ like?

~는 어때?, ~는 어떤 사람이야?

영어로 "걔 어떤 애야?"라는 말은 What is she like? 또는 What is he like?라고 합니다. 아주 간단하죠? 여기서 she나 he 대신에 다양한 단어가 들어갈 수 있는데, 그 단어에 따라 "소개팅에서 만난 애 어때?", "너희 아버지 어떤 분이셔?", "네 고향은 어떤 곳이야?", "거기 런던 날씨는 어때?"처럼 여러 가지 질문을 할 수 있답니다. 이렇게 「What is+명사+like?」는 상대방에게 궁금한 무엇에 대한 설명을 해달라고 할 때 쓰는 유용한 패턴이에요.

step1 패턴 활용 연습

What is she **like**? 걔 어떤 애야?
What is your boyfriend **like**? 네 남자친구는 어떤 사람이야?
What is your hometown **like**? 네 고향은 어떤 곳이야?
What is the weather **like** there? 그곳 날씨는 어때?

step2 실전 회화 훈련

Fred   I went on a blind date yesterday.
Sonya You did? How was it?
Fred   It was great.
Sonya _____
       어떤 앤데?

Fred: 나 어제 소개팅 했다.
Sonya: 정말? 어땠어?
Fred: 아주 좋았어.
Sonya: What is she like?

063 What's it like ~?

~하는 건 어떤 느낌이야?/기분이야?/어때?

사람이나 사물에 관해 물어볼 때는 「What is ~ like?」를 사용하지만, '~하는 건 어떤 느낌이야?'라는 의미로 상대방의 경험이나 상황에 대해 설명해달라고 할 때는 「What's it like ~?」를 사용해요. 물론 「What is it like ~?」라고 해도 상관없어요. 뒤에는 동명사나 to부정사가 옵니다.

step1 패턴 활용 연습

What's it like living in Paris?	파리에 사는 건 어떤 느낌이야?
What's it like working in television?	방송국에서 일하는 건 어떤 느낌이야?
What's it like to have four kids?	아이 넷이 있는 건 어떤 느낌이야?
What's it like to wear a space suit?	우주복을 입으면 어떤 느낌이야?

step2 실전 회화 훈련

Steve   _____
         영화계에서 일하는 건 어떤 느낌이니?
Keanu   Same as any other industry.
Steve   I thought it would be exciting.
Keanu   Sometimes it's exciting, sometimes it's exhausting.

Steve: What's it like to work in the film industry?
Keanu: 다른 분야에서 일하는 거나 똑같아.
Steve: 난 신날 거라 생각했는데.
Keanu: 어떨 땐 신나고 어떨 땐 너무 힘들고 그렇지.

064 What does ~ look like?

~는 어떻게 생겼어?

"걔 어떻게 생겼어?", "그거 어떻게 생겼어?"처럼 사람의 외모나 사물의 외형을 물어볼 때 「What does+명사+look like?」를 씁니다. 만나본 적 없는 사람의 외모가 궁금하거나 찾고 있는 물건의 모양 등을 물어볼 때 많이 사용해요.

 step1 패턴 활용 연습

What does she **look like**?	걔 어떻게 생겼어?
What does your brother **look like**?	네 오빠 어떻게 생겼어?
What does it **look like**?	그거 어떻게 생겼어?
What does your wallet **look like**?	네 지갑 어떻게 생겼어?

 step2 실전 회화 훈련

Arnold _____
자네 아내는 어떻게 생겼나?

Sylvester Why do you ask that?

Arnold   I'm just curious.

Sylvester My wife is prettier than your wife.

Arnold: What does your wife look like?
Sylvester: 왜 그런 걸 물어보나?
Arnold: 그냥 궁금해서.
Sylvester: 내 집사람이 자네 집사람보다 예쁘다네.

 집중 트레이닝

빈칸에 들어갈 패턴을 넣고, 그 패턴을 이용해 완전한 문장을 만들어보세요.

1 _____ school?
학교생활은 어때?

_____?
다리는 좀 어때?

2 _____ the party?
파티 어땠어?

_____?
오늘 하루 어땠어?

3 _____ my dress?
내 드레스 어때?

_____?
너 새 직장 어때?

4 _____ she _____?
걔 어떤 애야?

_____?
네 고향은 어떤 곳이야?

5 _____ working in television?
방송국에서 일하는 건 어떤 느낌이야?

_____?
아이 넷이 있는 건 어떤 느낌이야?

6 _____ she _____?
걔 어떻게 생겼어?

_____?
네 지갑이 어떻게 생겼어?

---

1 How's / How's your leg **2** How was / How was your day **3** How do you like / How do you like your new job **4** What is, like? / What is your hometown like **5** What's it like / What's it like to have four kids **6** What does, look like? / What does your wallet look like

Day 10

생각, 의견

065 What do you think of ~?
066 How do you feel about ~?
067 I'd say ~
068 There's no way ~
069 I don't think ~
070 I'm thinking of -ing

065 What do you think of ~?

~을 어떻게 생각해?

"넌 어떻게 생각해?"라고 물을 때 What do you think?라고 하는데요, '~을 어떻게 생각해?'라고 할 때는「What do you think of ~?」로 of 뒤에 명사나 동명사가 온답니다. 무언가에 관해 좋은지, 싫은지 등 상대방의 생각이나 의견, 느낌을 물을 때 사용해요. of 대신 about을 쓸 수도 있어요.

step1 패턴 활용 연습

What do you think of his idea?   그의 아이디어를 어떻게 생각해?
What do you think of that?   그거 어떻게 생각해?
What do you think of this song?   이 노래 어떻게 생각해?
What do you think of our new boss?   새로 온 상사 어떻게 생각해?

step2 실전 회화 훈련

Nina   _____
     내 계획 어때?
Amy   Hmm, do you have any other plans?
Nina   Why? You don't like my plan?
Amy   I don't know, it's just that it doesn't sound feasible.

Nina: What do you think of my plan?
Amy: 흠, 다른 계획들도 있니?
Nina: 왜? 내 계획이 마음에 안 드니?
Amy: 글쎄, 그냥 그 계획은 실현 가능하게 들리지 않아서 그래.

It's just that ~ 그냥 ~해서 그래
feasible 실현 가능한

How do you feel about ~?
~에 대해 어떻게 생각해?

직역하면 '~에 대해 어떻게 느껴?'인데, 이 의미 그대로 상대방이 무언가에 관해 어떻게 느끼거나 생각하는지 물어볼 때 쓰는 패턴이에요. 뒤에는 명사나 동명사가 옵니다. 좋아하는 이성에게 "날 어떻게 생각해?"라고 물을 때는 How do you feel about me?라고 하면 되지요.

 step1 패턴 활용 연습

How do you feel about this decision?	이 결정에 대해 어떻게 생각해?
How do you feel about Eddie?	에디에 대해 어떻게 생각해?
How do you feel about working overtime?	초과근무 하는 것에 대해 어떻게 생각해?
How do you feel about smoking in public areas?	공공장소에서 흡연하는 것에 대해 어떻게 생각해?

 step2 실전 회화 훈련

Karen _____
      선거 결과에 대해 어떻게 생각해?

Phoebe   I think it was unfair.

Karen   Tell me about it.

Phoebe   They should totally redo the election.

Karen: How do you feel about the election results?
Phoebe: 불공정했다고 생각해.
Karen: 그러게 말이야.
Phoebe: 이 선거는 완전 처음부터 다시 해야 된다고.

work overtime 초과근무를 하다
Tell me about it! (상대방의 말에 전적으로 동의하며) 그러게 말이야. 내 말이!

067 I'd say ~
~인 것 같아

I'd는 I would를 줄인 말인 거 아시죠? would는 '의지'를 나타내기 때문에 「I'd say ~」를 직역하면 '나라면 ~라고 말하겠다'가 됩니다. 이렇게, 확실하진 않지만 아마 그런 것 같다고 자신의 생각을 말할 때 쓰는 패턴이에요. 「I would say/think/imagine/guess ~」처럼 say 대신 여러 동사를 넣어 쓸 수 있어요.

step1 패턴 활용 연습

I'd say that's pretty accurate. — 그거 꽤 정확한 것 같아.
I'd say this is slightly different. — 이건 조금 다른 것 같아.
I'd say that's the way it is. — 원래 다 그런 것 같아.
I'd say the thief is someone near. — 도둑은 가까이 있는 것 같아.

step2 실전 회화 훈련

Rachel   Should I call him now?
Chandler   _____
          시간이 너무 늦은 것 같아.
Rachel   _____
          네 말이 맞는 것 같다.
Chandler   I'm always right. Haha.

Rachel: 지금 그에게 전화할까?
Chandler: I'd say it's too late.
Rachel: I'd say you are right.
Chandler: 난 항상 맞으니까, 하하.

068 There's no way ~

~일 리가 없어

직역하면 '~할 길(방법)이 없다'로 이 말은 곧 '~일 리가 없다', '~할 리가 없다'란 뜻이 됩니다. 믿기지 않거나 불가능해 보이는 일에 대해 절대 그럴 리가 없다고 강하게 부정할 때 쓰는 패턴이에요. There's no way 뒤에는 현재, 과거, 미래 등 모든 시제의 문장이 올 수 있어요.

step1 패턴 활용 연습

There's no way he would agree with that.	그가 거기에 동의할 리가 없어.
There's no way she heard that.	그녀가 그걸 들었을 리가 없어.
There's no way I can beat him.	내가 그를 이길 리가 없어.
There's no way that would happen.	그런 일이 일어날 리가 없어.

step2 실전 회화 훈련

Kane   So, did you call your mom?

Laura   Yeah, she told me that I could sleep over at your place tonight.

Kane   Really? _____
그녀가 절대 그렇게 말했을 리가 없어.

Laura   Haha, you're right. I was just teasing you.

Kane: 그래서, 너 엄마한테 전화는 했니?
Laura: 응, 엄마가 너네 집에서 오늘 밤에 자고 와도 괜찮다고 하더라.
Kane: 정말이야? There's no way she said that.
Laura: 하하, 네 말이 맞아. 내가 그냥 널 놀린 거야.

tease someone ~를 조롱하다; 놀리다; 못살게 굴다

069 I don't think ~

~이 아닌 것 같아

"걔 별로 안 예쁜 것 같아."라고 말할 때 I think she is not pretty.보다는 I don't think she is pretty.가 더 영어다운 표현이에요. 부정어가 뒷문장에 오지 않고 앞에 먼저 나온다는 말이죠. 그러니 '~이 아닌 것 같아'라는 의미로 말할 때는 I think보다 I don't think를 사용해서 말해보세요.

step1 패턴 활용 연습

I don't think that's a good idea.   그건 좋은 생각이 아닌 것 같아.
I don't think this is the right time.   지금은 때가 아닌 것 같아.
I don't think you should do that.   너 그러지 않는 게 좋을 것 같아.
I don't think I can do it.   난 못할 것 같아.

step2 실전 회화 훈련

Aileen   Take an umbrella with you.
Hope   _____
         오늘 비 올 것 같지 않은데.
Aileen   The weather forecast said it's going to rain today.
Hope   I don't trust the weather forecast.

Aileen: 우산 가져가라.
Hope: I don't think it's going to rain today.
Aileen: 일기예보에서는 오늘 비 올 거라고 하던데.
Hope: 난 일기예보 안 믿어.

070 I'm thinking of -ing

~할까 생각 중이야

"차를 살까 생각 중이야.", "사업을 할까 생각 중이야."처럼 요즘 한창 머릿속으로 계획 중인 일이나 고민하고 있는 일을 얘기할 때 쓰는 패턴이에요. 어느 정도 마음이 기울었을 때 이 표현을 쓰는 경우가 많아요. of 뒤에는 동명사가 오는데, of 대신 about도 쓸 수 있습니다.

step1 패턴 활용 연습

I'm thinking of getting a driver's license.
운전면허를 딸까 생각 중이야.

I'm thinking of majoring in journalism.
신문방송학을 전공할까 생각 중이야.

I'm thinking of changing jobs.
이직할까 생각 중이야.

I'm thinking of going back to Korea next month.
다음달에 한국에 돌아갈까 생각 중이야.

step2 실전 회화 훈련

Andrea _____
새 차를 살까 생각 중이야.

Robert   What kind of car?

Andrea   I haven't decided that yet.

Robert   Get a convertible.

Andrea: I'm thinking of buying a new car.
Robert: 어떤 차?
Andrea: 그건 아직 결정 못했어.
Robert: 오픈카 사라.

convertible 오픈카

 패턴 집중 트레이닝

빈칸에 들어갈 패턴을 넣고, 그 패턴을 이용해 완전한 문장을 만들어보세요.

1 _____ our new boss?
새로 온 상사 어떻게 생각해?

_____?
그의 아이디어를 어떻게 생각해?

2 _____ the election results?
선거 결과에 대해 어떻게 생각해?

_____?
이 결정에 대해 어떻게 생각해?

3 _____ the thief is someone near.
도둑은 가까이 있는 것 같아.

_____.
그거 꽤 정확한 것 같아.

4 _____ I can beat him.
내가 그를 이길 리가 없어.

_____.
그녀가 그걸 들었을 리가 없어.

5 _____ that's a good idea.
그건 좋은 생각이 아닌 것 같아.

_____.
난 못할 것 같아.

6 _____ getting a driver's license.
운전면허를 딸까 생각 중이야.

_____.
이직할까 생각 중이야.

---

1 What do you think of / What do you think of his idea **2** How do you feel about / How do you feel about this decision **3** I'd say / I'd say that's pretty accurate **4** There's no way / There's no way she heard that **5** I don't think / I don't think I can do it
6 I'm thinking of / I'm thinking of changing jobs

11

알아, 몰라

- 071 I can tell ~
- 072 Are you familiar with ~?
- 073 How do you know ~?
- 074 I knew you'd ~
- 075 I never thought I'd ~
- 076 I didn't expect to ~
- 077 Do you happen to know ~?
- 078 Let me know ~
- 079 I'll let you know ~

071 I can tell ~

~란 거 보면 알아, ~인 거 알겠다

지금까지 tell을 '말하다'란 뜻으로만 알고 계셨나요? 구어체에서 can tell은 '알다', '알아보다', '구분하다'란 뜻으로 많이 사용됩니다. 반대로 can't tell은 '모르겠다'란 뜻이고요. can tell은 보통 '무엇을 보고 알아채다'란 뜻으로 주로 쓰기 때문에 I can tell ~이라고 말하면 '~란 거 보면 알아'란 말이 됩니다.

step1 패턴 활용 연습

I can tell you're the right person for the job.	네가 그 일에 적임자란 거 보면 알아.
I can tell when you're lying.	네가 거짓말할 때 보면 알아.
I can tell from your face.	네 얼굴 보면 알아.
I can tell you really love it.	정말 네 마음에 든다는 거 알겠다.

step2 실전 회화 훈련

Albert　　Stop lying to me!
Craig　　　No, I'm telling you the truth.
Albert　　No, you are not. _____
　　　　　　　　　　네가 거짓말할 때 보면 난 알아.
Craig　　　Trust me on this.

Albert: 나한테 거짓말 하지마!
Craig: 아냐, 난 사실대로 말하고 있어.
Albert: 아니, 넌 그렇지 않아. I can tell when you're lying.
Craig: 이번 건에 대해선 날 좀 믿어줘.

Are you familiar with ~?
너 ~을 잘 아니?, ~가 익숙하니?

「be familiar with ~」는 '~에 익숙한, ~을 잘 아는'이란 뜻인데요, 무엇에 대해 보거나 듣거나 혹은 직접 해본 적이 있어서, 그것에 대해 잘 알고 있다고 하거나 익숙하다고 할 때 사용한답니다. 그래서 「Are you familiar with ~?」라고 하면 '~을 잘 아니?', '~가 익숙하니?'란 질문이 되죠.

 step1 패턴 활용 연습

Are you familiar with Chinese history?	너 중국역사를 잘 아니?
Are you familiar with this area?	너 이 지역 잘 아니?
Are you familiar with this book?	너 이 책 잘 아니?
Are you familiar with a stick shift?	너 수동기어에 익숙하니?

 step2 실전 회화 훈련

Tanya	_____
	너 이 동네 잘 아니?
Teddy	Not really. I've only been here once.
Tanya	What should we do then?
Teddy	Maybe we should ask around.

Tanya: Are you familiar with this neighborhood?
Teddy: 아니 별로, 나 여기 딱 한 번 와봤어.
Tanya: 그럼, 우리 어떻게 하지?
Teddy: 아무래도 여기저기 물어봐야겠다.

073 How do you know ~?

네가 ~을 어떻게 알았어?, 네가 ~라는 걸 어떻게 알아?

"제 번호 어떻게 알았어요?", "와인에 대해 어떻게 그렇게 많이 아세요?"처럼, 알려준 적이 없는데 상대방이 어떤 사실을 알고 있거나, 어떤 분야와 전혀 상관 없는 사람이 그 분야에 관해 잘 알고 있을 때, 놀라움과 궁금함을 담아 묻는 패턴이에요. 그리고 상대방이 어떤 사실을 단정지어서 얘기할 때, '~라는 걸 당신이 어떻게 알아요?'처럼 이유를 묻거나 따질 때도 사용합니다.

step1 패턴 활용 연습

How do you know my number?
제 전화번호 어떻게 알았어요?

How do you know such a thing?
너 그런 걸 어떻게 알았어?

How do you know so much about Korean culture?
한국문화에 대해 어떻게 그렇게 많이 아세요?

How do you know I'm not Korean?
제가 한국인이 아니란 걸 어떻게 아세요?

step2 실전 회화 훈련

Miriam   Nice to meet you, Barack.

Barack   _____
내 이름을 어떻게 알았죠?

Miriam   How can I not know your name? You are the President of this country.

Barack   _____
그걸 어떻게 알았지?

Miriam   You are so lame.

Miriam: 만나서 반가워요, 버락.
Barack: How do you know my name?
Miriam: 내가 어떻게 모를 수가 있겠어요? 이 나라의 대통령이신데.
Barack: How do you know that?
Miriam: 당신 정말 썰렁하시군요.

lame 썰렁한; 한심한; 바보 같은

074 I knew you'd ~
네가 ~할 줄 알았어

you'd는 you would를 줄인 말로, 「I knew you'd ~」 패턴을 직역하면 '나는 알았다, 네가 ~할 줄을'이란 뜻이 됩니다. 내가 잘 알고 있는 상대방이 내가 예상한 대로의 행동을 보였을 때 "네가 깜박할 줄 알았어.", "네가 올 줄 알았어."처럼 쓸 수 있어요. you'd 뒤에는 동사원형이 옵니다.

step1 패턴 활용 연습

I knew you'd forget. 네가 깜박할 줄 알았어.
I knew you'd say that. 네가 그 말 할 줄 알았어.
I knew you'd fall for it. 네가 속을 줄 알았어.
I knew you'd come. 네가 올 줄 알았어.

step2 실전 회화 훈련

George   I love you.
Ronald   I love you, too.
George   Really?
Ronald   As a friend.
George   _____
         네가 그 말 할 줄 알았어.

George: 난 널 사랑해.
Ronald: 나도 널 사랑해.
George: 정말?
Ronald: 친구로서.
George: I knew you'd say that.

fall for something ~에 속다

116

075 I never thought I'd~

내가 ~할 줄은 생각도(상상도) 못했어

우리말의 '~는 꿈에도 생각 못했어'에 해당하는 영어 표현이 「I never thought ~」예요. 그래서 「I never thought I'd(I would)~」라고 하면 '내가 ~할 줄은 꿈에도 생각 못했어'란 의미가 되죠. thought 뒤의 I 자리에는 he, she, it 등 여러 주어가 올 수 있는데요. 어떤 주어가 오느냐에 따라 '그가 ~할 줄은', '그녀가 ~할 줄은', '그게 ~할 줄은'이란 의미가 됩니다.

 step1 패턴 활용 연습

I never thought I'd become a writer. 내가 작가가 될 줄은 상상도 못했어.
I never thought I'd see the day. 이런 날이 올 거라곤 생각도 못했어.
I never thought I'd say this. 내가 이런 말을 하게 될 줄은 생각도 못했어.
I never thought I'd end up like this. 내가 이런 처지가 될 줄은 상상도 못했어.

 step2 실전 회화 훈련

Mike _____
　　　여기서 널 만날 줄은 정말 상상도 못했어!
Sun　Me, neither! Do you come here often?
Mike　I'm a regular here. What about you?
Sun　This is my first time coming here.

Mike: I never thought I'd see you here!
Sun: 나도! 너 여기 자주 오니?
Mike: 나 여기 단골이야. 넌?
Sun: 난 여기 오늘 처음 와봤어.

end up ~ 결국 ~하게 되다, 결국 ~한 처지에 처하게 되다
regular 단골

076 I didn't expect to ~

~할 줄은 몰랐어, ~할 거라곤 생각도 못했어

영어로 '몰랐어'는 I didn't know.이지만, '~할 줄은 몰랐어'라는 말은 보통 「I didn't expect to ~」라고 해요. 직역하면 '~할 줄은 기대 못했어'이지만, '~할 줄은 몰랐어', '~할 거라곤 생각도 못했어'란 뜻으로 사용된답니다. 앞에 나왔던 「I never thought ~」와 비슷한 의미로, "너한테서 전화 올 줄은 몰랐어.", "우승을 할 거라곤 생각도 못했어."처럼 쓰여요.

step1 패턴 활용 연습

I didn't expect to hear from you.
너한테서 연락 올 줄은 몰랐어.

I didn't expect to see you again.
널 다시 보게 될 줄은 몰랐어.

I didn't expect to win a prize.
내가 상을 탈 줄은 생각도 못했어.

I didn't expect to fall in love with you.
너와 사랑에 빠질 거라곤 생각도 못했어.

step2 실전 회화 훈련

Herbert   Happy birthday! And here, I got you a present.
Howard   Wow, thank you! _____
          너한테 선물 받을 줄은 생각도 못했어.
Herbert   Why not?
Howard   Because you never give presents to anyone.

Herbert: 생일 축하해. 그리고, 자 여기, 네 선물 가져왔어.
Howard: 우와, 고마워. I didn't expect to get a present from you.
Herbert: 왜?
Howard: 왜냐하면 넌 아무한테도 선물을 주는 법이 없으니까.

077 Do you happen to know ~?
너 혹시 ~ 아니?

「happen to ~」는 '우연히 ~하다'라는 뜻이에요. 그래서 「Do you happen to know ~?」라고 물으면 '너 혹시라도 ~ 아니?'라는 질문이 됩니다. "너 혹시 니키라는 애 아니?", "너 혹시 걔 전화번호 아니?"처럼 상대방에게 무언가에 대해 아느냐고 조심스럽게 물어볼 때 쓸 수 있어요.

step1 패턴 활용 연습

Do you happen to know a guy named Joe?
너 혹시 '조'라는 남자 아니?

Do you happen to know a good place for dinner?
너 혹시 저녁 먹을 괜찮은 곳 아니?

Do you happen to know if she has a boyfriend?
너 혹시 걔가 남자친구가 있는지 아니?

Do you happen to know where he lives?
너 혹시 그가 어디에 사는지 아니?

step2 실전 회화 훈련

Claire _____
　　　　너 혹시 '마리아'라는 여자 아니?

Mark　　Maria? That sounds familiar.

Claire　You know her?

Mark　　I'm sorry, but the only Maria I know is the one from the Bible.

Claire: Do you happen to know a girl named Maria?
Mark: 마리아? 어디서 많이 들어본 이름인데.
Claire: 그녀를 알아?
Mark: 미안하지만, 내가 유일하게 아는 마리아는 성경에 나오는 마리아밖에 없네.

078 Let me know ~

~하면 알려줘, ~을 알려줘

"그가 돌아오면 알려줘.", "필요한 거 있으면 알려줘."처럼 '~하면 알려줘'라고 할 때 쓰는 패턴이에요. Let me know를 직역하면 '내가 알게 해줘'이니까 다시 말해 '나에게 알려줘'란 뜻이 되는 거죠. 뒤에는 if나 when, what 같은 의문사가 이끄는 명사절이 옵니다. 「Tell me ~」도 비슷한 의미지만 「Let me know ~」 패턴을 사용하면 더 자연스럽고 부드러운 문장이 된답니다.

step1 패턴 활용 연습

Let me know if there is anything I can do.
내가 할 수 있는 게 있으면 알려줘.

Let me know if you change your mind.
마음이 변하면 알려줘.

Let me know if there are any problems.
문제가 있으면 알려줘.

Let me know when you're ready.
준비되면 알려줘.

step2 실전 회화 훈련

Leonard   This science assignment is too hard to understand.
Sheldon   _____
          도움이 필요하면 얘기해.
Leonard   I need your help right now!
Sheldon   Now is not a good time. I have to be somewhere.

Leonard: 이 과학 과제 너무 어렵다.
Sheldon: Let me know if you need any help.
Leonard: 지금 당장 도와줘!
Sheldon: 지금은 힘들다. 내가 가봐야 할 데가 있어서.

I'll let you know ~
~하면 알려줄게, ~을 알려줄게

"준비되면 알려줄게.", "나중에 알려줄게"처럼 '알려줄게'라는 뜻으로 쓰는 패턴이에요. I'll let you know를 직역하면 '네가 알게 해줄게'이니까 곧 '알려줄게'란 뜻이 되는 거죠. 앞에 나온 패턴과 마찬가지로 뒤에는 if나 when, what 같은 의문사가 이끄는 명사절이 옵니다. I'll let you know를 I'll tell you로 바꿔 써도 같은 의미가 됩니다.

 step1 패턴 활용 연습

I'll let you know if anything happens.   무슨 일이 있으면 알려줄게.
I'll let you know when I'm done.   다하면 알려줄게.
I'll let you know what to do.   무엇을 할지 알려줄게.
I'll let you know as soon as I can.   가능한 빨리 알려줄게.

 step2 실전 회화 훈련

Penny   Are you ready?
Jorge   No, I'm not.
Penny   When are you going to be ready then?
Jorge   _____
         준비되면 알려줄게.

Penny: 준비됐니?
Jorge: 아니.
Penny: 그럼 언제 준비되는데?
Jorge: I'll let you know when I'm ready.

빈칸에 들어갈 패턴을 넣고, 그 패턴을 이용해 완전한 문장을 만들어보세요.

1 _____ you're the right person for the job.
네가 그 일에 적임자란 거 보면 알아.

_____.
네 얼굴 보면 알아.

2 _____ a stick shift?
너 수동기어에 익숙하니?

_____?
너 이 지역 잘 아니?

3 _____ so much about Korean culture?
한국문화에 대해 어떻게 그렇게 많이 아세요?

_____?
제 전화번호 어떻게 알았어요?

4 _____ say that.
네가 그 말 할 줄 알았어.

_____.
네가 깜박할 줄 알았어.

5 _____ end up like this.
내가 이런 처지가 될 줄은 상상도 못했어.

_____.
내가 작가가 될 줄은 상상도 못했어.

6 _____ hear from you.
너한테서 연락 올 줄은 몰랐어.

_____.
내가 상을 탈 줄은 생각도 못했어.

7 _____ if she has a boyfriend?
너 혹시 걔가 남자친구가 있는지 아니?

_____?
너 혹시 그가 어디에 사는지 아니?

8 _____ if you change your mind.
마음이 변하면 알려줘.

_____.
준비되면 알려줘.

9 _____ as soon as I can.
가능한 빨리 알려줄게.

_____.
무슨 일이 있으면 알려줄게.

---

1 I can tell / I can tell from your face   **2** Are you familiar with / Are you familiar with this area   **3** How do you know / How do you know my number   **4** I knew you'd / I knew you'd forget   **5** I never thought I'd / I never thought I'd become a writer   **6** I didn't expect to / I didn't expect to win a prize   **7** Do you happen to know / Do you happen to know where he lives   **8** Let me know / Let me know when you're ready   **9** I'll let you know / I'll let you know if anything happens

Day 12

확실해, 정말이야

- 080 I'm sure ~
- 081 Are you sure ~?
- 082 I bet ~
- 083 Ten bucks says ~
- 084 You must have p.p.
- 085 I might have p.p.
- 086 I'm telling you ~
- 087 I swear I ~

080 I'm sure ~

분명히 ~할 거야, ~라고 확신해

I'm sure.는 이 문장만으로도 '난 확신해'라는 뜻으로 많이 사용하는데요, 이 뒤에 다른 내용이 더 오면 '~을 확신해', '분명히 ~해'라는 뜻이 된답니다. 좀 더 강조해서 말할 때는 '꽤, 아주'란 뜻의 pretty를 중간에 넣어서 「I'm pretty sure ~」라고도 많이 해요. sure 뒤에는 미래와 과거 등 다양한 시제의 문장이 올 수 있습니다.

step1 패턴 활용 연습

I'm sure she'll be fine. — 그녀는 분명히 괜찮을 거야.
I'm sure you'll change your mind. — 너 분명히 마음이 바뀔 거야.
I'm sure it'll work out. — 그거 분명히 잘될 거야.
I'm sure I left it here. — 난 분명히 그걸 여기에 뒀어.

Janice	Are you psyched about this party?
Luke	Not really.
Janice	Why not?
Luke	'Cause I don't know anyone there.
Janice	That really doesn't matter!
	_____
	넌 분명히 좋아할 거야.

Janice: 파티 갈 생각하니까 신나니?
Luke: 아니 별로.
Janice: 왜 안 신나?
Luke: 난 거기에 아는 사람 하나도 없단 말이야.
Janice: 그런 건 아무 상관없어. I'm sure you'll like it.

psyched 흥분한; 열광하는, 신나는
'cause 구어체에서 사용되는 because의 준말

081 Are you sure ~?

~라는 게 확실해?, 정말 ~야?

상대방의 얘기가 믿기지 않을 때 "확실해?", "정말이야?"라고 되묻는 경우가 많죠? 이때 쓰는 말이 바로 Are you sure?랍니다. 그리고 '~가 확실해?', '정말로 ~야?'라고 물으려면 「Are you sure 주어+동사?」 패턴을 쓰면 됩니다. 이 패턴은 어떤 일이 사실인지 아닌지 상대방에게 물어볼 때도 쓰고, 상대방의 말이 진심인지 한번 더 확인할 때도 사용할 수 있어요.

Are you sure this is correct? 이거 맞는 거 확실해?
Are you sure he did this? 그가 이걸 한 게 확실해?
Are you sure you can do that? 너 정말로 그거 할 수 있어?
Are you sure you don't want to go? 너 정말로 가고 싶지 않은 거야?

Kyle _____
　　　　걔가 거기 있었던 게 확실해?
Bryan　I'm positive.
Kyle　　Then, how come she didn't say hi to me?
Bryan　Beats me.

Kyle: Are you sure she was there?
Bryan: 확실해.
Kyle: 그러면, 그녀가 왜 나한테 인사를 안 했을까?
Bryan: 낸들 알겠냐.

positive 확실한; 확신하는
Beats me. 전혀 모르겠다, 전혀 짐작이 가지 않는다

082 I bet ~

분명히 ~할 거야

bet은 '내기하다, 돈을 걸다'라는 뜻인데요, 「I bet ~」은 정말 돈을 걸고 내기를 하겠다는 게 아니라 그만큼 무엇에 대해 100퍼센트 확신한다는 뜻이랍니다. 앞에 나왔던 「I'm sure ~」와 같은 의미로 사용하는 패턴이에요. I bet 뒤에는 미래, 현재, 과거 등 모든 시제의 문장이 올 수 있습니다.

step1 패턴 활용 연습

I bet you'd like it.	분명히 네 마음에 들 거야.
I bet it'll be fun.	분명히 재미있을 거야.
I bet she won't come.	걔 분명히 안 올 거야.
I bet he has taken it.	분명히 걔가 가져갔을 거야.

step2 실전 회화 훈련

Fraser I'm playing tennis with Venus.
Tammy _____
       분명히 네가 지겠구나.
Fraser What? What makes you say that?
Tammy Come on, Venus is one of the top players in the world.

Fraser: 나 비너스랑 테니스 칠 거다.
Tammy: I bet you'll lose.
Fraser: 뭐야? 무슨 근거로 그렇게 말을 하냐?
Tammy: 야 왜 이래, 비너스는 전세계에서 톱 클래스 선수잖아.

What makes you say that?
무슨 근거로 그렇게 말을 하니?

083 Ten bucks says ~

~라는 데 10달러 걸게

dollar를 구어체에서는 buck이라고 많이 말하는데요, 「Ten bucks says ~」라고 하면 '~라는 데 10달러 걸게'라는 뜻이 됩니다. 하지만 이 패턴은 정말로 내기를 걸기보다는 자신의 생각이 맞다는 것을 강조하고 싶을 때 주로 사용한답니다.

step1 패턴 활용 연습

Ten bucks says he'll call you.
그가 너에게 전화한다는 데 10달러 걸게.

Ten bucks says you're wrong.
네가 틀렸다는 것에 10달러 걸게.

Ten bucks says you can't find the answer.
네가 정답을 못 맞힌다는 데 10달러 건다.

Ten bucks says you're Alice.
당신이 앨리스라는 데 10달러 걸게요.

step2 실전 회화 훈련

Rajesh _____
저 여자 유부녀라는 데 10달러 걸게.

Simon _____
네가 틀렸다는 것에 10달러 걸게.

Rajesh You want me to go ask her?

Simon   You don't have to. She's my older sister.

Rajesh: Ten bucks says she's married.
Simon: Ten bucks says you are wrong.
Rajesh: 내가 가서 물어볼까?
Simon: 그럴 필요 없어. 저 여자는 우리 누나란다.

084 You must have p.p.

네가 (틀림없이/분명히) ~했을 거야/~했나 보다

must는 여기서 '(틀림없이) ~일 것이다'라는 뜻으로 강한 추측을 나타내는데요. 그 뒤에 현재완료시제인 have p.p.가 와서 '(틀림없이) ~했을 거다'라는 의미가 되었습니다. p.p.는 동사의 과거분사 형태를 말한다는 것, 아시죠?

 step1 패턴 활용 연습

You must have heard me wrong. 　　네가 분명히 내 말을 잘못 들었을 거야.

You must have been really tired. 　　네가 정말 피곤했나 보다.

You must have left it on the train. 　　너 틀림없이 그거 기차에 두고 내렸을 거야.

You must have drunk too much. 　　네가 술을 너무 많이 마셨나 보다.

 step2 실전 회화 훈련

Brenda　_____
　　　　너 어제 밤샜나(stay up) 보구나.
Girl　　Why? Do I look tired?
Brenda　Look at yourself in the mirror. You look like a zombie.
Girl　　Really? I'd better get some sleep.

Brenda: You must have stayed up all night.
Girl: 왜? 피곤해 보여?
Brenda: 거울 좀 봐봐. 너 좀비 같아.
Girl: 진짜? 나 잠 좀 자야겠구나.

085 I might have p.p.

내가 ~했을지도 몰라

여기서 might는 '~할지도 모른다'는 추측을 나타내는데요. 그 뒤에 현재완료시제인 have p.p.가 와서 '~했을지도 몰라'라는 뜻이 되었습니다. 「I might have p.p.」뿐만 아니라 「You might have p.p.」나 「She might have p.p.」처럼, 주어를 바꾸어 다른 인칭에도 모두 사용할 수 있어요.

step1 패턴 활용 연습

I might have eaten something bad. 내가 상한 것을 먹었을지도 몰라.
I might have said something like that. 내가 그런 말을 했을지도 몰라.
I might have made a mistake. 내가 실수했을지도 몰라.
I might have gone too far. 내가 너무 심했는지도 몰라.

step2 실전 회화 훈련

Bert   Did you break the window?
Damon _____
       내가 그랬을지도 몰라.
Bert   What are you saying? Are you saying you have done it or not?
Damon I'm saying _____
       내가 창문을 깼을지도 모른다는 거야.

Bert: 네가 유리창 깼니?
Damon: I might have done that.
Bert: 무슨 소리야? 네가 깼다는 거야 아니라는 거야?
Damon: 내 말은 I might have broken your window.

086 I'm telling you ~

정말이지 ~라니까, 정말로 ~가 맞다니까

사람들이 내 말을 잘 믿지 않을 때, '정말이지 ~라니까', '정말로 ~가 맞다니까'라고 내 말이 틀림없음을 강조하는 패턴이에요. 놀랍거나 믿기 어려운 얘기라서 강조하는 경우가 많아요. I'm telling you 뒤에 자신이 주장하는 내용의 문장이 오면 됩니다.

 step1 패턴 활용 연습

I'm telling you, he is the one who is behind this.	정말이지 그가 배후의 인물이야.
I'm telling you, this is the last time.	정말이지 이게 마지막이야.
I'm telling you, this is not that easy.	정말이지 이게 그렇게 쉽지 않다니까.
I'm telling you, she lied to everyone.	정말이지 그녀가 모두에게 거짓말한 거야.

 step2 실전 회화 훈련

Audrey Do you really think I shouldn't trust him?
Barb   _____
        정말이지, 그 남자는 사기꾼(fraud)이라니까.
Audrey How can you be so sure?
Barb   Come on, everybody knows he's a fraud.

Audrey: 너 정말 내가 그 사람을 믿지 말아야 한다고 생각하니?
Barb: I'm telling you, that guy is a fraud.
Audrey: 어떻게 그렇게 확신할 수 있지?
Barb: 야 왜 이래, 그 사람이 사기꾼인 건 모든 사람이 다 알아.

fraud 사기; 사기꾼

087 I swear I ~

나 맹세코 ~해

"하늘에 맹세코 정말 몰랐던 일이야.", "맹세코 내가 훔치지 않았어."처럼 자신의 결백을 강력히 주장할 때 자주 쓰는 패턴이에요. 그리고 「I promise ~」처럼 앞으로의 확고한 결심을 얘기할 때도 사용합니다. 그냥 I swear.라고만 해도 "나 맹세해."라는 뜻이 됩니다.

step1 패턴 활용 연습

I swear I didn't do it.	맹세코 내가 하지 않았어.
I swear I have nothing to do with it.	맹세코 나는 그 일과 아무 관련이 없어.
I swear I didn't know that.	맹세코 난 정말 몰랐어.
I swear I heard something.	맹세코 무슨 소리를 들었어.

step2 실전 회화 훈련

Tiffany	Did you tell him about my past?
Julie	Of course not. Why would I tell him that?
Tiffany	Look me in the eye and tell me!
Julie	_____

맹세코 난 안 했어!

Tiffany: 너 걔한테 내 과거에 대해서 얘기했니?
Julie: 당연히 안 했지. 내가 걔한테 그런 얘길 왜 하겠니?
Tiffany: 내 눈 똑바로 보고 얘기해!
Julie: I swear I didn't do it!

have nothing to do with ~
~와 아무 관련/상관이 없다
Look me in the eye. 내 눈을 똑바로 봐, 눈길을 피하지 마라.

 집중 트레이닝

빈칸에 들어갈 패턴을 넣고, 그 패턴을 이용해 완전한 문장을 만들어보세요.

1 _____ she'll be fine.
   그녀는 분명히 괜찮을 거야.

   _____.
   난 분명히 그걸 여기에 뒀어.

2 _____ this is correct?
   이거 맞는 거 확실해?

   _____?
   너 정말로 그거 할 수 있어?

3 _____ you'd like it.
   분명히 네 마음에 들 거야.

   _____.
   걔 분명히 안 올 거야.

4 _____ he'll call you.
   그가 너에게 전화한다는 데 10달러 걸게.

   _____.
   네가 틀렸다는 것에 10달러 걸게.

5 _____ heard me wrong.
   네가 분명히 내 말을 잘못 들었을 거야.

   _____.
   네가 정말 피곤했나 보다.

6 _____ eaten something bad.
내가 상한 것을 먹었을지도 몰라.

_____.
내가 실수했을지도 몰라.

7 _____, this is the last time.
정말이지 이게 마지막이야.

_____.
정말이지 그녀가 모두에게 거짓말한 거야.

8 _____ have nothing to do with it.
맹세코 나는 그 일과 아무 관련이 없어.

_____.
맹세코 난 정말 몰랐어.

1 I'm sure / I'm sure I left it here 2 Are you sure / Are you sure you can do that 3 I bet / I bet she won't come 4 Ten bucks says / Ten bucks says you're wrong 5 You must have / You must have been really tired 6 I might have / I might have made a mistake 7 I'm telling you / I'm telling you, she lied to everyone 8 I swear I / I swear I didn't know that

Day 13

말, 약속, 의도

- 088　I told you to ~
- 089　I told you not to ~
- 090　You promised to ~
- 091　Everyone says ~
- 092　Are you saying (that) ~?
- 093　Don't tell me ~
- 094　I didn't mean to ~

088 I told you to ~

내가 ~하라고 했잖아

"내가 주식 팔라고 했잖아.", "내가 다이어트 콜라 사라고 했잖아."처럼 '내가 ~하라고 했잖아'라는 뜻으로 쓰는 패턴이에요. 상대방이 내 말을 듣지 않아서 낭패를 보았거나, 내가 시킨 일을 제대로 하지 않아서 나무랄 때 사용해요. to 뒤에는 동사원형이 옵니다.

step1 패턴 활용 연습

I told you to lock the door.   내가 문 잠그라고 했잖아.
I told you to stay close.   내가 가까이 있으라고 했잖아.
I told you to get the same thing.   내가 같은 거 사라고 했잖아.
I told you to keep your mouth shut.   내가 입 다물고 있으라고 했잖아.

step2 실전 회화 훈련

Gundy   I flunked the exam.
Romeo   _____
            내가 더 열심히 공부하라고 했잖아.
Gundy   I studied hard enough. I think I'm just stupid.
Romeo   Don't say that. You'll do better next time.

Gundy: 시험 완전 망쳤어.
Romeo: I told you to study harder.
Gundy: 공부는 충분히 열심히 했다고. 아무래도 난 머리가 나쁜가 봐.
Romeo: 그런 말 하지 마. 다음엔 더 잘할 거야.

flunk 낙제하다; 시험에 떨어지다

089 I told you not to ~

내가 ~하지 말라고 했잖아

상대방에게 뭔가를 하지 말라고 했는데도 내 말을 듣지 않고 그 행동을 했을 때, 상대방을 나무라는 패턴이에요. "내가 혼자 가지 말라고 했잖아.", "내가 걔 믿지 말라고 했잖아."처럼 '내가 ~하지 말라고 했잖아'라는 뜻으로 사용합니다.

step1 패턴 활용 연습

I told you not to answer the phone. 　내가 전화 받지 말라고 했잖아.
I told you not to touch anything. 　내가 아무것도 만지지 말라고 했잖아.

I told you not to come here. 　내가 여기 오지 말라고 했잖아.
I told you not to wear that dress. 　내가 그 옷 입지 말라고 했잖아.

step2 실전 회화 훈련

Julie　　Ted cheated on me.
Peggy　　I knew it! _____
　　　　　　　　내가 걔하고 사귀지(go out with) 말라고 했잖아.
Julie　　But he was so nice to me.
Peggy　　Get over him!

Julie: 테드가 날 속이고 바람을 피웠어.
Peggy: 내 그럴 줄 알았어! I told you not to go out with him.
Julie: 하지만 나에게 너무 잘해줬단 말이야.
Peggy: 걔 따위는 빨리 잊어버려!

go out with someone ~와 데이트하다, 사귀다

090 You promised to ~

너 ~하기로 약속했잖아

상대방이 나와 어떤 약속을 해놓고 지키지 않을 때 '너 ~한다고 약속했잖아'라는 뜻으로 쓰는 패턴이에요. "아빠 거짓말쟁이야. 1등 하면 패딩 사준다고 약속했잖아.", "살 빼면 나랑 사귄다고 약속했잖아. 그 말 믿고 30킬로그램이나 뺐단말이야." 같은 상황에서 쓰면 되겠죠. ^^

 step1 패턴 활용 연습

You promised to help me.
You promised to love me forever.
You promised to have dinner with me.
You promised to marry me.

너 나를 도와주기로 약속했잖아.
너 영원히 날 사랑한다고 약속했잖아.
너 나와 저녁 먹기로 약속했잖아.

너 나와 결혼하기로 약속했잖아.

 step2 실전 회화 훈련

Ted　　I'm going to be home late.

Amber　_____
　　　　당신 집에 일찍 들어오기로 약속했잖아.

Ted　　I'm sorry but I have a really important meeting with my client.

Amber　I hate you!

Ted: 집에 늦게 들어갈 것 같아.
Amber: You promised to come home early.
Ted: 미안하지만, 우리 고객하고 정말 중요한 회의가 있단 말이야.
Amber: 당신 미워!

091 Everyone says ~

다들 ~라고 말해

"다들 내 남자친구에 비해 내가 아깝대.", "다들 외과의 중에선 그가 최고래." 처럼 많은 사람들이 어떻게 생각하고 있다고 말할 때 「Everyone says ~」 또는 「Everybody says ~」 패턴을 사용해요.

step1 패턴 활용 연습

Everyone says I need to go on a diet.	다들 내가 다이어트 해야 된대.
Everyone says I should break up with her.	다들 내가 그녀와 헤어지는 게 좋대.
Everyone says you're a great kisser.	다들 네가 키스를 엄청 잘한대.
Everyone says he's kind and polite.	다들 그가 친절하고 예의 바르대.

step2 실전 회화 훈련

Bona   _____
        다들 걔가 바람둥이(player)래.

Sharon You can say that again!

Bona   Is he really that bad?

Sharon He's the worst. He even dated my sister while he was dating me.

Bona: Everyone says he's a player.
Sharon: 두말하면 잔소리!
Bona: 그렇게 심해?
Sharon: 걘 최악이야. 나랑 사귈 때 내 동생하고도 만났다니까.

player 바람둥이; 선수

Are you saying (that) ~?

(그러니까 네 말은) ~라는 말이야?

"내가 잘못했다는 거야?", "그녀가 범인이라는 거야?"처럼 상대방의 말을 듣고 나서 그 말의 요점을 분명히 확인하려고 할 때 쓰는 패턴이에요. '그러니까 네 말은 ~라는 거야?'라는 뜻으로 하는 말이죠. that은 생략해서 쓰는 경우가 많습니다.

step1 패턴 활용 연습

Are you saying I'm wrong?
내가 틀렸다는 말이야?

Are you saying my life is miserable?
내 인생이 비참하다는 말이야?

Are you saying you have nothing to do with this?
당신은 이것과 아무 상관이 없다는 말이야?

Are you saying that she did it on purpose?
그녀가 일부러 그랬다는 말이야?

step2 실전 회화 훈련

Bart	You are my sunshine.
Serena	_____
	너 그거 나를 사랑한다는 말이니?
Bart	Yes, that's what I'm saying.
Serena	I'm sorry but I'm taken.

Bart: 넌 나에게 햇살과도 같은 사람이야.
Serena: Are you saying you love me?
Bart: 응, 바로 그런 말이야.
Serena: 미안하지만 난 임자가 있어.

miserable 비참한
on purpose 일부러, 고의로

093 Don't tell me ~

설마 ~라는 건 아니겠지?

직역하면 '~라고 말하지 마'이지만, 실제로는 '~라는 말은 듣고 싶지 않아'란 뜻이 됩니다. 그러니까 바라지 않는 일이나 믿기 어려운 사실이 추측되는 상황에서 '설마 ~라는 건 아니겠지?'라고 말할 때 사용해요.

step1 패턴 활용 연습

Don't tell me you forgot.
설마 잊었다는 건 아니겠지?

Don't tell me you ate it all.
설마 그걸 다 먹었다는 건 아니겠지?

Don't tell me you don't remember.
설마 기억 안 난다는 건 아니겠지?

Don't tell me you're not coming.
설마 안 온다는 건 아니겠지?

step2 실전 회화 훈련

Margie   Why were you so rude to me last night?
Don   Was I?
Margie   _____
설마 아무것도 기억 안 난다는 건 아니겠지?
Don   Oh, I remember. That's because I was butt drunk.

Margie: 어젯밤에 너 왜 나한테 그렇게 무례하게 행동한 거니?
Don: 내가?
Margie: Don't tell me you don't remember anything.
Don: 아, 기억났다. 내가 술에 너무 취해서 그랬던 거야.

094 I didn't mean to ~
~하려던 건 아니었어

내 의도와는 달리 내 말이나 행동이 상대방을 기분 상하게 했을 때 사과하거나 변명하기 위한 패턴이에요. mean이 '의도하다'란 뜻이어서 「I didn't mean to ~」라고 하면 '~할 의도는 아니었어'란 뜻이 되는 거죠.

step1 패턴 활용 연습

I didn't mean to offend you.
I didn't mean to hurt you.
I didn't mean to scare you.
I didn't mean to say that.

널 기분 나쁘게 하려던 건 아니었어.
네게 상처를 주려던 건 아니었어.
너를 놀라게 하려던 건 아니었어.
그렇게 말하려던 건 아니었어.

step2 실전 회화 훈련

Lewis	Have you gained weight?
Fiona	No! Why? Do I look fat?
Lewis	No. I was just trying to say you look healthy.
Fiona	Whatever!
Lewis	I'm sorry but _____

널 기분 나쁘게 하려던 건 아니었어.

Lewis: 너 몸무게 늘었니?
Fiona: 아니! 왜? 나 뚱뚱해 보여?
Lewis: 아냐. 그냥 너 건강해 보인다고 말하려고 했던 거야.
Fiona: 됐다고!
Lewis: 미안해, I didn't mean to offend you.

 집중 트레이닝

빈칸에 들어갈 패턴을 넣고, 그 패턴을 이용해 완전한 문장을 만들어보세요.

1 _____ stay close.
내가 가까이 있으라고 했잖아.

_____.
내가 문 잠그라고 했잖아.

2 _____ answer the phone.
내가 전화 받지 말라고 했잖아.

_____.
내가 아무것도 만지지 말라고 했잖아.

3 _____ have dinner with me.
너 나와 저녁 먹기로 약속했잖아.

_____.
너 나와 결혼하기로 약속했잖아.

4 _____ you're a great kisser.
다들 네가 키스를 엄청 잘한대.

_____.
다들 내가 그녀와 헤어지는 게 좋대.

5 _____ my life is miserable?
내 인생이 비참하다는 말이야?

_____?
그녀가 일부러 그랬다는 말이야?

6 **_____ you ate it all.**
설마 그걸 다 먹었다는 건 아니겠지?

_____.
설마 안 온다는 건 아니겠지?

7 **_____ offend you.**
널 기분 나쁘게 하려던 건 아니었어.

_____.
너를 놀라게 하려던 건 아니었어.

---

1 I told you to / I told you to lock the door **2** I told you not to / I told you not to touch anything **3** You promised to / You promised to marry me **4** Everyone says / Everyone says I should break up with her **5** Are you saying / Are you saying that she did it on purpose **6** Don't tell me / Don't tell me you're not coming **7** I didn't mean to / I didn't mean to scare you

Day 14

감사, 사과, 유감

- 095 Thanks for ~
- 096 I appreciate ~
- 097 I'm sorry about ~
- 098 It's a shame ~
- 099 It's too bad ~
- 100 I'm afraid (that) ~
- 101 I'm glad (that) ~

095 Thanks for ~

~해줘서 고마워

고맙다고 할 때 Thank you.만 쓰셨나요? 네이티브는 더 간단한 Thanks.도 많이 쓴답니다. 그냥 '고마워'라고만 하는 게 아니라, '~해줘서 고마워'라고 좀 더 구체적으로 고마움을 표시할 때는 Thanks나 Thank you 뒤에 'for+고마운 내용'을 쓰면 됩니다. for 뒤에는 명사나 동명사가 옵니다.

step1 패턴 활용 연습

Thanks for the ride. 태워다 줘서 고마워.
Thanks for lunch. 점심 고마워.
Thanks for waiting. 기다려줘서 고마워.
Thanks for walking me home. 집까지 바래다줘서 고마워.

step2 실전 회화 훈련

Jasmine Wow, your place is fantastic.
Haley Thank you.
Jasmine By the way, _____
　　　　　초대해 줘서 고마워.
Haley _____
　　　　　와줘서 내가 고맙지.

Jasmine: 우와, 집이 정말 멋지네.
Haley: 고마워.
Jasmine: 그건 그렇고 thanks for inviting me.
Haley: Thanks for coming.

walk somebody home ~를 집까지 (걸어서) 바래다주다

096 I appreciate ~
~에 대해 정말 고마워

I appreciate it.은 Thank you.나 Thanks.보다 정중한 감사의 표현이에요. 좀 더 정확히는 '감사하게 생각한다'라는 뜻입니다. 꼭 격식을 차리는 사이나 자리가 아니어도 정말로 고맙게 생각할 때는 언제라도 사용할 수 있어요. appreciate 뒤에는 감사하게 생각하는 내용이 오는데, 좀 더 강조할 때는 중간에 really를 넣어 「I really appreciate ~」라고도 해요.

step1 패턴 활용 연습

I appreciate your help. 도와줘서 정말로 고마워.
I appreciate your concern. 염려해줘서 정말로 고마워.
I appreciate the offer. 제안 정말 고마워.
I appreciate what you did for me. 날 위해 해준 일 정말 고마워.

step2 실전 회화 훈련

Alex   I'm totally broke. I don't know what to do.
Luke   I'll lend you some money.
Alex   Seriously?
Luke   Of course, we are friends.
Alex   _____
       정말로 고마워.

Alex: 나 완전히 거지 됐어. 어쩌면 좋을지 모르겠어.
Luke: 내가 돈 좀 빌려줄게.
Alex: 진짜로?
Luke: 당연하지, 우린 친구잖아.
Alex: I really appreciate it.

be broke 빈털터리가 된; 파산한

097 I'm sorry about ~

~에 대해 미안해, ~에 대해 유감이다

"아까 한 말 미안해.", "어제 일 미안해."처럼 무엇에 대해서 미안하다고 할 때 쓰는 패턴이에요. '미안해'라는 뜻의 I'm sorry 뒤에 'about+미안한 내용'이 오는데, about 뒤에는 명사나 명사절이 옵니다. 정말 미안하다고 강조할 때는 sorry 앞에 really나 so를 넣어 말해요. about 대신 'for+동명사'가 올 수도 있습니다. '~해서 미안해'라고 할 때는 「I'm sorry to+동사원형」을 사용해요.

I'm sorry about last night.
I'm sorry about the noise.
I'm sorry about what I said.
I'm sorry about your father.

어젯밤 일 미안해.
시끄럽게 해서 죄송해요.
내가 한 말 미안해.
너희 아버지 일 유감이다.

Mark _____
　　　　너무 늦게 전화해서 미안해.
Beth　It's okay. So, what's up?
Mark　I just wanted to say _____
　　　　　　　　　　　　　　　어제 일 미안해.
Beth　I'm sick of you saying sorry all the time.
Mark　I'm sorry.

Mark: I'm sorry for calling you so late.
Beth: 괜찮아. 그래, 무슨 일인데?
Mark: I'm sorry about yesterday.라고 말하고 싶었어.
Beth: 너 맨날 미안하다고 그러는 거 진짜 질린다.
Mark: 미안해.

098 It's a shame ~

~하다니 아쉽다/안타깝다

"그것 참 아쉽다/안타깝다."고 할 때 It's a shame. 또는 What a shame.이라고 하는데요, 여기서 shame은 '애석함, 안타까움'이란 뜻이에요. '~하다니 아쉽다/안타깝다'라고 어떤 사실에 대한 아쉬운 감정을 나타낼 때는 「It's a shame ~」이라고 뒤에 안타까워하는 내용을 넣어주면 된답니다. shame 뒤에는 to부정사 또는 that절이 오는데, that은 생략할 수 있어요. 「What a shame ~」이라고 해도 같은 의미가 됩니다.

step1 패턴 활용 연습

It's a shame to see him retire.
그가 퇴직하다니 아쉽다.

It's a shame to stay indoors on such a lovely day.
이렇게 좋은 날씨에 집안에만 있다니 안타깝다.

It's a shame that few people know about this.
이걸 아는 사람이 거의 없다는 사실이 안타깝다.

It's a shame more people don't use the facility.
더 많은 사람이 그 시설을 이용하지 않는다니 안타깝다.

step2 실전 회화 훈련

Manny   We are going to the movies. You want to come along?
Olajuwon   I'm sorry but I have things to do.
Manny   _____
           네가 같이 못 간다니 아쉽네.
Olajuwon   There's always next time.

Manny: 우리 영화 보러 가는데 같이 갈래?
Olajuwon: 미안하지만 난 할 일이 있어서.
Manny: It's a shame that you can't come with us.
Olajuwon: 다음에 또 기회가 있겠지.

> **go to the movies** 영화를 보러 가다; 극장에 가다
> **have things to do** 볼 일이 있다
> **There's always next time.** (다음 번에라도) 기회는 항상 있는 거니까

099 It's too bad ~

~라니 너무 유감스럽다/안타깝다/아쉽다

여기서 bad는 '나쁘다'라는 뜻이 아니라 '안됐다, 유감이다'라는 뜻이에요. 그래서 「It's too bad ~」는 어떤 사실에 대한 유감스러움을 표현할 때 사용해요. 앞에 나왔던 「It's a shame ~」과 비슷한 의미예요. bad 뒤에는 that절이 오는데 that은 생략하는 경우가 많습니다.

step1 패턴 활용 연습

It's too bad you can't stay longer.
It's too bad that she died young.
It's too bad we have to work on Saturday.
It's too bad Jim is not here.

더 머무를 수 없다니 아쉽다.
그녀가 요절했다니 안타깝다.
토요일에도 일해야 하다니 유감이다.
짐이 여기 없다니 아쉽다.

step2 실전 회화 훈련

Gary   I have to scoot.
Cam   Really? _____
       조금 더 있다 가면 좋을 텐데 아쉽네.
Gary   I wish I could stay too. But I have a lot of work to do.
Cam   _____
       일요일에도 일해야 한다니 참 안됐다.

Gary: 나 서둘러 가봐야 해.
Cam: 정말? It's too bad you can't stay longer.
Gary: 나도 그러고 싶은 마음이야 굴뚝같지. 그런데 나 할 일이 좀 많아.
Cam: It's too bad you have to work on Sunday.

scoot 서둘러 가다

100 I'm afraid (that) ~

유감이지만 ~, 유감스럽게도 ~

상대방이 실망할 수도 있는 유감스러운 얘기를 전달할 때는 문장 앞에 I'm afraid를 붙입니다. 그래서 I'm afraid 뒤에는 부정적인 내용이 주로 오죠. 「I'm afraid ~」 패턴은 상황에 따라 '유감이지만, 죄송하지만, 아쉽지만' 등의 의미로 사용됩니다.

step1 패턴 활용 연습

I'm afraid all our rooms are fully booked.
유감이지만 모든 방이 예약됐습니다.

I'm afraid he's not in yet.
유감이지만 그가 아직 안 돌아왔어.

I'm afraid I can't accept it.
유감이지만 그건 받아들일 수 없어요.

I'm afraid I have to cancel our appointment.
유감이지만 우리 약속을 취소해야 할 것 같아요.

step2 실전 회화 훈련

Randy	Is Michelle coming too?
Howard	_____
	유감이지만 걘 못 온대.
Randy	I thought she was coming. What happened?
Howard	She just said something came up.

Randy: 미셸도 오는 거니?
Howard: I'm afraid she is not.
Randy: 오는 줄 알았는데. 어떻게 된 거니?
Howard: 그냥 무슨 일이 생겼다고 하더라고.

Something came up. (갑자기) 무슨 일이 생겼다

101 I'm glad (that) ~

~라서 기쁘다/다행이다/잘됐다

"네가 와줘서 기뻐.", "네 마음에 든다니 다행이다."처럼 '~라서 기쁘다/다행이다'라고 기쁜 마음을 표현할 때 「I'm glad 주어+동사」 패턴을 씁니다. 기쁜 마음을 더 강조해서 말할 때는 중간에 so나 really를 넣어서 「I'm so glad ~」, 「I'm really glad ~」라고 하면 돼요.

I'm glad you came.   네가 와줘서 기뻐.
I'm glad you asked.   물어봐줘서 기뻐.(잘 물어봤어.)
I'm glad you like it.   네 마음에 들어서 다행이다.
I'm glad I met you here.   너를 여기서 만나서 다행이다.

step2 실전 회화 훈련

Kenny   Hey, when did you get here?
Ivan   Just now.
Kenny   _____
         네가 와 주어서 기쁘구나.
Ivan   _____
         네가 그렇게 얘기해주니 기쁘다.

Kenny: 야, 여기 언제 도착했니?
Ivan: 지금 방금.
Kenny: I'm glad you came.
Ivan: I'm glad you say that.

집중 트레이닝

빈칸에 들어갈 패턴을 넣고, 그 패턴을 이용해 완전한 문장을 만들어보세요.

1 _____ walking me home.
집까지 바래다줘서 고마워.

_____.
점심 고마워.

2 _____ what you did for me.
날 위해 해준 일 정말 고마워.

_____.
도와줘서 정말로 고마워.

3 _____ last night.
어젯밤 일 미안해.

_____.
내가 한 말 미안해.

4 _____ that few people know about this.
이걸 아는 사람이 거의 없다는 사실이 안타깝다.

_____.
이렇게 좋은 날씨에 집안에만 있다니 안타깝다.

5 _____ you can't stay longer.
더 머무를 수 없다니 아쉽다.

_____.
그녀가 요절했다니 안타깝다.

6 _____ all our rooms are fully booked.
유감이지만 모든 방이 예약됐습니다.

_____.
유감이지만 그건 받아들일 수 없어요.

7 _____ you came.
네가 와줘서 기뻐.

_____.
네 마음에 들어서 다행이다.

---

1 Thanks for / Thanks for lunch   2 I appreciate / I appreciate your help   3 I'm sorry about / I'm sorry about what I said   4 It's a shame / It's a shame to stay indoors on such a lovely day   5 It's too bad / It's too bad that she died young   6 I'm afraid / I'm afraid I can't accept it   7 I'm glad / I'm glad you like it

Day 15

~하도록 해

- 102 Make sure ~
- 103 Don't forget to ~
- 104 Don't hesitate to ~
- 105 Help yourself to ~
- 106 Watch your ~
- 107 Go easy on ~
- 108 Say hello to ~ (for me)

102 Make sure ~
꼭 ~하도록 해

sure는 '확실한'이란 뜻이므로, make sure는 '확실하게 만들다', 즉 '확실히 하다'라는 의미가 됩니다. 무엇이 어떻게 되도록 확실히 하라고 할 때도 쓰고, 무엇이 제대로 되었는지 확인하라고 할 때도 사용합니다. make sure 뒤에는 to부정사나 that절이 오는데 that은 생략하는 경우가 많아요.

step1 패턴 활용 연습

Make sure to back up your data first. — 꼭 데이터를 먼저 백업하도록 해.

Make sure to meet the deadline. — 마감날짜에 꼭 맞추도록 해.

Make sure all the windows are shut. — 모든 창문을 확실히 닫도록 해.

Make sure the kids are in bed by 9:00. — 애들은 꼭 9시까지 잠자리에 들게 해.

step2 실전 회화 훈련

Bernard _____
이것들 복사본 두 장씩 꼭 만들어놔라.

Kurt Okay, I'll make sure of that.

Bernard And also _____
확실히 정오까지 해놔야 돼.

Kurt Yes, sir!

Bernard: Make sure you make two copies of these.
Kurt: 알았어요, 확실히 그렇게 할게요.
Bernard: 그리고, make sure you do that by noon.
Kurt: 네, 그렇게 하겠습니다!

103 Don't forget to ~

~하는 것 잊지 마

상대방에게 중요한 어떤 일을 잊지 않고 꼭 하도록 상기시킬 때 쓰는 패턴이에요. "식후에 약 먹는 것 잊지 마.", "썬크림 가져오는 것 잊지 마."처럼 '~하는 것 잊지 마'라는 뜻으로 사용합니다. 덜렁거리며 자주 깜박하는 사람에게 말해주면 좋겠죠.

step1 패턴 활용 연습

Don't forget to water the plants.	화초에 물 주는 것 잊지 마.
Don't forget to e-mail me.	이메일 보내는 것 잊지 마.
Don't forget to take the medicine.	약 먹는 것 잊지 마.
Don't forget to bring your passport.	여권 가져오는 것 잊지 마.

step2 실전 회화 훈련

Nathan _____
　　　　날 기억하는 걸 잊지 마.

Pedro How can I forget you? You are my best friend forever.

Nathan And _____
　　　　매일 나한테 이메일 보내는 것도 잊지 말고.

Pedro Hey, don't you think that's a bit too much?

Nathan: Don't forget to remember me.
Pedro: 내가 널 어떻게 잊겠니? 넌 나의 영원한 절친인데.
Nathan: 그리고 don't forget to e-mail me everyday.
Pedro: 야, 그건 좀 너무 심한 거 아니니?

Don't hesitate to ~
주저하지 말고 ~하세요

hesitate는 '주저하다, 망설이다'란 뜻이므로, 이 패턴은 직역하면 '~하는 걸 주저하지 마세요'가 됩니다. 주로 '무엇이든지 ~하세요', '언제든지 ~하세요'란 의미로 많이 쓰는데, 특히 연단에 선 강연자가 청중에게 질문을 유도하거나, 어떤 서비스의 담당자가 이용자에게 언제든 도움을 청하라고 할 때 많이 사용합니다.

Don't hesitate to ask any questions.   주저하지 말고 어떤 질문이라도 하세요.

Don't hesitate to ask for help.   주저하지 말고 도움을 요청하세요.

Don't hesitate to call me.   주저하지 말고 저에게 전화하세요.

Don't hesitate to contact us at anytime.   주저하지 말고 언제든지 저희에게 연락하세요.

step2 실전 회화 훈련

Shane   _____
도움이 필요하면 주저하지 말고 전화해라.

Tracy   Really? Can I call you anytime?

Shane   No, you can only call me when you need help.

Tracy   Okay, I won't call you ever if I don't need any help.

Shane   Come on, I was just kidding. You can call me anytime, anywhere.

Shane: Don't hesitate to call me if you need any help.
Tracy: 정말? 아무 때나 전화해도 되는 거야?
Shane: 아니, 도움이 필요할 때에 한해서 전화해도 된다고.
Tracy: 알았어, 도움 안 필요할 땐 절대 전화 안 할게.
Shane: 왜 이래, 그냥 농담한 거야. 언제든 어디서든 전화해도 괜찮아.

105 Help yourself to ~

~ 마음껏 드세요

Help yourself.는 허락 받을 필요 없이 알아서 마음껏 하라고 할 때 쓰는 표현이에요. 특히 집에 놀러 온 친구나 파티에 온 손님들에게 마음껏 음식을 먹으라고 할 때 많이 쓰죠. 음식뿐만 아니라 어떤 물건을 이용하거나 무엇을 하는 걸 알아서 마음껏 하라고 할 때도 사용합니다. 그리고 Help yourself to ~ 형태로 해서 뒤에 음식이 오면 '~ 마음껏 드세요'란 뜻이 된답니다.

step1 패턴 활용 연습

Help yourself to refreshments.   다과 마음껏 드세요.
Help yourself to some coffee.   커피 마음껏 드세요.
Help yourself to a little champagne.   샴페인 마음껏 드세요.
Help yourself to anything.   뭐든 알아서 드세요.

step2 실전 회화 훈련

Zachery Is this your first time here?
Rudy No, I have been here once before, but I had to leave right away.
Zachery Please, stay longer this time. _____
커피 마음껏 드시고요.
Rudy This is such a wonderful gallery!

Zachery: 여긴 처음이신가요?
Rudy: 아니요, 전에 한번 온 적이 있긴 한데 금방 나갔어요.
Zachery: 이번엔 좀 더 오래 있다 가세요. Help yourself to some coffee.
Rudy: 여기 갤러리 정말 멋지네요!

106 Watch your ~
~을 조심해

"천장이 낮으니까 머리 조심해.", "미끄러우니까 걸음 조심해."처럼 '~을 조심해'라고 할 때 쓰는 패턴이에요. Watch your mouth.처럼 "말 조심해."라고 할 때도 쓸 수 있고, Watch your spending.이라고 하면 "지출에 신경 써."란 뜻이 된답니다. 참고로 Watch out.과 Look out.은 "조심해."란 뜻이에요.

 step1 패턴 활용 연습

Watch your step.　　　　　　　　걸음 조심해.
Watch your back.　　　　　　　　뒤를 조심해.
Watch your head.　　　　　　　　머리 조심해.
Watch your hand.　　　　　　　　손 조심해.

 step2 실전 회화 훈련

Chris　　Lucy, where are you?
Lucy　　I'm here. _____ It's slippery.
　　　　　　　　걸음 조심해.
Chris　　Okay. I'll be careful.

Chris: 루시, 어디 있니?
Lucy: 나 여기야. Watch your step. 미끄러워.
Chris: 응, 조심할게.

slippery 미끄러운, 미끈거리는

107 Go easy on ~

~는 조금만 넣어주세요, ~에게 살살 해

「go easy on ~」 패턴은 '~을 적당히 하다, ~을 살살 다루다'란 뜻인데요. 식당에서 주문할 때 이 표현을 쓰면 '~는 조금만 넣어주세요', '~는 많이 넣지 마세요'란 의미가 됩니다. 상황에 따라 '~는 조금만 먹어'란 의미로 쓰기도 합니다. 그리고 「Go easy on+사람」으로 쓰면 '~에게 살살 해', '~에게 심하게 하지 마'란 의미가 된답니다.

step1 패턴 활용 연습

Go easy on the onions.	양파는 조금만 넣어주세요.
Go easy on the ketchup.	케첩은 조금만 넣어주세요.
Go easy on the salt.	소금은 조금만 넣어주세요.
Go easy on Tommy. He's just a kid.	토미에게 살살 해. 걔 그냥 애잖아.

step2 실전 회화 훈련

Avery	Do you want everything on your sandwich?
Brittany	Everything but onions.
Avery	Okay, anything else?
Brittany	Oh, _____

마요네즈는 조금만 넣어주세요.

Avery: 샌드위치에 채소와 소스는 골고루 다 넣어드릴까요?
Brittany: 양파만 빼고 다 넣어주세요.
Avery: 네, 다른 주문사항은 또 없나요?
Brittany: 아 참, go easy on the mayo.

> everything but ~ ~는 빼고 모두
> mayo 마요네즈의 줄임말로, 더 많이 사용함

108. Say hello to ~ (for me)
~에게 안부 전해줘

우리는 오랜만에 친구나 지인을 만났을 때 그 사람의 주위 사람들에게도 안부를 전해달라고 말하죠. "어머니는 잘 계셔? 어머니에게도 안부 전해줘." 이런 식으로 말이에요. 이때 「Say hello to+사람」 패턴을 쓸 수 있어요. 문장 끝의 for me는 넣어도 되고 빼도 됩니다. 같은 의미로 「Say hi to ~」라고도 하고, 「Give my best to+사람」 또는 「Give+사람+my best」도 많이 쓰는 표현이에요.

 step1 패턴 활용 연습

Say hello to your family.
너희 가족에게도 안부 전해줘.

Say hello to Mr. and Mrs. Smith.
스미스 씨 부부에게도 안부 전해줘.

Say hello to your brother for me.
네 동생에게도 안부 전해줘.

Say hello to Ted for me.
테드에게도 안부 전해줘.

 step2 실전 회화 훈련

Finn　_____
　　　네 여동생에게 안부 전해줘.

Charles　Do you know my sister?

Finn　No. But _____
　　　　　　　그래도 안부 좀 전해주라.

Charles　I don't think so.

Finn: Say hello to your sister for me.
Charles: 내 여동생 아니?
Finn: 아니, say hello to her for me anyway.
Charles: 됐거든!

 집중 트레이닝

빈칸에 들어갈 패턴을 넣고, 그 패턴을 이용해 완전한 문장을 만들어보세요.

1 _____ the kids are in bed by 9:00.
애들은 꼭 9시까지 잠자리에 들게 해.

_____.
꼭 데이터를 먼저 백업하도록 해.

2 _____ water the plants.
화초에 물 주는 것 잊지 마.

_____.
약 먹는 것 잊지 마.

3 _____ ask any questions.
주저하지 말고 어떤 질문이라도 하세요.

_____.
주저하지 말고 저에게 전화하세요.

4 _____ refreshments.
다과 마음껏 드세요.

_____.
뭐든 알아서 드세요.

5 _____ back.
뒤를 조심해.

_____.
머리 조심해.

163

6 _____ the onions.
양파는 조금만 넣어주세요.

_____.
케첩은 조금만 넣어주세요.

7 _____ Mr. and Mrs. Smith.
스미스 씨 부부에게도 안부 전해줘.

_____.
네 동생에게도 안부 전해줘.

---

1 Make sure / Make sure to back up your data first   2 Don't forget to / Don't forget to take the medicine   3 Don't hesitate to / Don't hesitate to call me   4 Help yourself to / Help yourself to anything   5 Watch your / Watch your head   6 Go easy on / Go easy on the ketchup   7 Say hello to / Say hello to your brother for me

Day 16

하지 마

- 109 Don't ever ~
- 110 Don't you ever ~
- 111 Don't even think about ~
- 112 Don't make me ~
- 113 Don't be ~
- 114 Don't be a ~

109 Don't ever ~

다시는 ~하지 마, 절대로 ~하지 마

상대방에게 '~하지 마'라고 얘기할 때 Don't go.나 Don't touch.처럼 동사 앞에 Don't를 붙이죠? 근데 이것보다 좀 더 강하게 '다시는 ~하지 마'라고 말하고 싶다면 「Don't ever + 동사」 패턴을 쓰면 됩니다. 여기서 ever는 '한번이라도'라는 뜻으로, 직역하면 '한번이라도 ~하지 마'이지만, 우리말로는 '다시는 ~하지 마' 또는 '절대로 ~하지 마'란 의미가 된답니다.

step1 패턴 활용 연습

Don't ever say that. 다시는 그런 말 하지 마.
Don't ever leave me. 다시는 날 떠나지 마.
Don't ever do that again. 다시는 그러지 마.
Don't ever forget it. 절대로 그것 잊지 마.

step2 실전 회화 훈련

Jerome   Gina confessed her love to me last night.
Roy   _____
         다시는 걔 말 듣지 마.
Jerome   Why do you say that?
Roy   Because she does that to everybody.

Jerome: 지난 밤에 지나가 나한테 사랑을 고백했다.
Roy: Don't ever listen to her.
Jerome: 왜 그렇게 말하는 거니?
Roy: 왜냐하면 걔는 아무한테나 다 그러고 다니니까.

110 Don't you ever ~

다시는 ~하지 마(경고하는 어조로 강하게)

「Don't ever ~」가 어느 정도 침착한 상태에서 하는 말이라면, 「Don't you ever ~」는 화나거나 흥분한 상태에서 '다'에 힘을 꽉 주고 '다(!)시는 ~하지 마'라고 경고하는 느낌의 패턴이에요. 한글로 해석된 글을 읽으면 똑같아 보이지만, 말로 들었을 때는 「Don't ever ~」보다 「Don't you ever ~」가 더 강력한 금지의 표현이죠. 아래 예문처럼 again과 함께 쓰는 경우가 많아요.

step1 패턴 활용 연습

Don't you ever come back! 다시는 돌아오지 마!
Don't you ever tell me what to do! 다시는 나한테 이래라 저래라 하지 마!

Don't you ever do that to me again. 다시는 나한테 그러지 마.
Don't you ever touch her again! 다시는 그녀에게 손대지 마!

step2 실전 회화 훈련

Hector   You are so cute!
Deloris _____
         다시는 그런 말 하지 마.
Hector   What's wrong? That was a compliment.
Deloris I hate when people say I'm cute.

Hector: 너 너무 귀엽다.
Deloris: Don't you ever say that again.
Hector: 왜 그래? 칭찬한 건데.
Deloris: 난 사람들이 나보고 귀엽다고 그러는 거 너무 싫어.

Don't even think about ~

~할 생각은 하지도 마, ~할 꿈도 꾸지 마

Don't even think about it.을 직역하면 '그건 생각조차 하지 마'인데요, 상대방이 어처구니 없는 일을 생각하거나 하려고 할 때 '꿈도 꾸지 마'라는 경고의 뜻으로 이 말을 많이 해요. 그리고 about 뒤에 명사나 동명사가 오면 '~는 꿈도 꾸지 마', '~할 생각은 하지도 마'란 뜻이 된답니다.

step1 패턴 활용 연습

Don't even think about getting married till you're 30.
서른 전에는 결혼할 생각 하지도 마.

Don't even think about smoking pot.
마리화나 피울 생각은 하지도 마.

Don't even think about sneaking out.
몰래 빠져나갈 생각은 하지도 마.

Don't even think about getting a tattoo.
문신할 생각은 하지도 마.

step2 실전 회화 훈련

Brenda   Do you think maybe I can go out with Anthony?
Rosie   _____
         그건 꿈도 꾸지 마.
Brenda   Why not?
Rosie   Because I'm in love with him!

Brenda: 혹시라도 나랑 앤서니랑 사귈 수 있을 것 같니?
Rosie: Don't even think about it!
Brenda: 왜 안돼?
Rosie: 왜냐하면 내가 걔를 사랑하니까!

pot 마리화나(대마초)의 속어
sneak out (집에서) 몰래 빠져나가다
get a tattoo 문신하다

112 Don't make me ~

나 ~하게 하지 마

「make somebody+동사원형」은 '누군가를 ~하게 만들다'란 뜻인데요, 앞에 부정의 Don't가 왔으니 '~하게 만들지 마'란 뜻이 됩니다. 우리말로도 "(날) 열받게 하지 마.", "(날) 웃기지 마." 이렇게 말하잖아요. 같은 식이라고 생각하면 돼요.

step1 패턴 활용 연습

Don't make me laugh.   웃기지 마.(바보 같은 소리 하지 마.)

Don't make me mad.   나 화나게 하지 마.

Don't make me do this.   나한테 이런 것 좀 하게 하지 마.

Don't make me explain that again.   같은 설명 또 하게 하지 마.

step2 실전 회화 훈련

Belinda Who do you think is the hottest girl in our class?
Jane _____
    나한테 그 말을 하게 하지 마.
Belinda No, you don't, by any chance, think that you are…
Jane Yes, I do! I think I'm the hottest girl in our class.
Belinda Oh, please, _____
    날 웃기지 마.

Belinda: 우리 반에서 누가 제일 예쁜 것 같니?
Jane: Don't make me say that.
Belinda: 아니, 설마 너 네가 우리 반에서 제일 …
Jane: 맞아! 내 생각엔 우리 반에서 내가 제일 예뻐.
Belinda: 오, 제발, don't make me laugh.

mad 구어체에서 '몹시 화난'이란 뜻으로 많이 쓰임

113 Don't be ~

~하게 굴지 마, ~하지 마

"짓궂게 굴지 마.", "까다롭게 굴지 마."처럼 '좀 ~하게 굴지 마.'라고 하거나, "미안해하지 마.", "질투하지 마."처럼 '~하지 마'라고 할 때 「Don't be+형용사」 패턴을 사용해요. 좀 더 강조해서 말할 때는 「Don't be so+형용사」 형태로도 쓸 수 있어요.

step1 패턴 활용 연습

Don't be mean. 짓궂게 굴지 마.
Don't be rude. 무례하게 굴지 마.
Don't be scared. 무서워하지 마.
Don't be shy. 부끄러워하지 마.

step2 실전 회화 훈련

Chuck   _____
        까다롭게 굴지 마.
Calvin I'm not being picky. I'm being carefully selective.
Chuck   That's being picky.
Calvin No, there's a huge difference between the two.
Chuck   _____
        이상한 소리 하지 마.(말도 안 되는 소리 하지 마.)

Chuck: Don't be picky.
Calvin: 나 까다롭게 구는 거 아냐. 신중하고 조심스럽게 고르는 중이야.
Chuck: 그게 까다로운 거야.
Calvin: 아냐, 그거랑 그거랑은 완전 달라.
Chuck: Don't be ridiculous.

picky 까다롭게 구는; 별스러운; 깐깐한
selective 선택적인; 신중하게 고르는
ridiculous 말도 안 되는, 터무니없는

114 Don't be a ~

~하게 굴지 마, ~이 되지 마

앞에 나왔던 「Don't be+형용사」와 마찬가지로 '~하게 굴지 마'라고 할 때 쓰는 패턴이에요. 이번에는 형용사 대신 'a 명사'가 와서, 직역하면 '어떤 사람이 되지 마'란 뜻이지만, 의역하면 그런 사람처럼 행동하지 말라는 의미랍니다. 첫음절이 모음으로 시작하는 명사 앞에는 a가 아니라 an이 온다는 거 다들 아시죠? 좀 더 강조해서 말할 때는 「Don't be such a+명사」 형태로도 쓸 수 있어요.

Don't be a baby.
Don't be a pussy.
Don't be an idiot.
Don't be a stranger.

어린애처럼 굴지 마.
계집애처럼 굴지 마.
멍청하게 굴지 마.
낯선 사람 되지 마.(계속 연락하며 지내자.)

step2 실전 회화 훈련

Chloe	This bag is too heavy. Would you help me carry this bag?
Cory	I'm sorry but I can't. I have my own bag to carry.
Chloe	_____

머저리처럼 굴지 마.

Chloe: 이 가방 너무 무겁다. 이것 좀 같이 들어주겠니?
Cory: 미안하지만 안 되겠어. 내 가방도 들어야 하거든.
Chloe: Don't be a jerk.

집중 트레이닝

빈칸에 들어갈 패턴을 넣고, 그 패턴을 이용해 완전한 문장을 만들어보세요.

1 _____ leave me.
다시는 날 떠나지 마.

_____.
다시는 그런 말 하지 마.

2 _____ come back!
다시는 돌아오지 마!

_____.
다시는 나한테 그러지 마.

3 _____ sneaking out.
몰래 빠져나갈 생각은 하지도 마.

_____.
문신할 생각은 하지도 마.

4 _____ mad.
나 화나게 하지 마.

_____.
나한테 이런 것 좀 하게 하지 마.

5 _____ rude.
무례하게 굴지 마.

_____.
짓궂게 굴지 마.

172

6 _____ pussy.

계집애처럼 굴지 마.

_____.

어린애처럼 굴지 마.

---

1 Don't ever / Don't ever say that **2** Don't you ever / Don't you ever do that to me again **3** Don't even think about / Don't even think about getting a tattoo **4** Don't make me / Don't make me do this **5** Don't be / Don't be mean **6** Don't be a / Don't be a baby

17 Day

~안 해도 돼, ~할 필요 없어

- 115 You don't have to ~
- 116 You'll have to ~
- 117 There's no need to ~
- 118 It's no use -ing
- 119 Don't bother ~
- 120 It's not worth -ing

115 You don't have to ~

너 ~안 해도 돼, 너 ~하지 않아도 돼

"너 걱정 안 해도 돼.", "너 안 가도 돼.", "너 이러지 않아도 돼."처럼 '~하지 않아도 돼'라고 말할 때 「You don't have to+동사원형」 패턴을 사용해요. 비슷한 패턴으로는 '너 ~할 필요 없어'란 뜻의 「You don't need to ~」가 있어요.

step1 패턴 활용 연습

You don't have to say anything. 너 아무 말도 안 해도 돼.
You don't have to do this. 너 이거 안해도 돼.(이러지 않아도 돼.)

You don't have to bring anything. 아무것도 안 가져와도 돼.
You don't have to wait till tomorrow. 내일까지 기다리지 않아도 돼.

step2 실전 회화 훈련

Tina   This is on me.
Sheila _____
       그러지 않아도 돼.
Tina   I want to.
Sheila Okay, if you insist.

Tina: 이건 내가 낼게.
Sheila: You don't have to do that.
Tina: 내가 원해서 그래.
Sheila: 그래, 정 그렇다면.

> **if you insist** 굳이 원한다면, 정 그렇다면

116 You'll have to ~

너 ~해야 할 거야

"너 변호사가 되려면 더 열심히 공부해야 할 거야.", "너 그녀를 만나려면 서둘러야 할 거야."처럼 '(원하는 것을 이루기 위해서는) ~해야 할 거야'라는 뜻으로 쓰는 패턴이에요. 상대방에게 조언을 하거나 정보를 알려줄 때 사용합니다.

 step1 패턴 활용 연습

You'll have to hurry. 서둘러야 할 거야.
You'll have to wait until December. 12월까지 기다려야 할 거야.
You'll have to do better than that. 그것보단 잘해야 할 거야.
You'll have to tell us all about it. 우리에게 다 얘기해야 할 거야.

 step2 실전 회화 훈련

Tasha	When do I get the result?
Udele	_____
	다음 달까지는 기다리셔야 합니다.
Tasha	Can't you speed up the process?
Udele	No, that's not possible.

Tasha: 결과를 언제쯤 알 수 있을까요?
Udele: You'll have to wait until next month.
Tasha: 절차를 좀 빨리 진행하실 수는 없나요?
Udele: 안 돼요, 불가능합니다.

speed up the process
절차/진행을 빨리 하다

There's no need to ~

~할 필요 없어

"서두를 필요 없어. 아직 많이 남았어.", "겁낼 필요 없어. 별거 아니야."처럼 '~할 필요 없어'라고 말할 때 「There's no need to+동사원형」을 씁니다. 더 간단하게 「No need to ~」라고 해도 됩니다.

step1 패턴 활용 연습

There's no need to worry.	걱정할 필요 없어.
There's no need to apologize.	사과할 필요 없어.
There's no need to tell him.	그에게 말할 필요 없어.
There's no need to go there.	거기 갈 필요 없어.

step2 실전 회화 훈련

Ursula	We have to check out right now.
Victoria	_____ It's only 11 o'clock.
	서두를 필요 없어.
Ursula	Aren't we supposed to check out by 11?
Victoria	No, I believe it's 12.

Ursula: 우리 지금 체크아웃 해야 해.
Victoria: There's no need to hurry. 아직 11시밖에 안 됐잖아.
Ursula: 원래 11시까지 체크아웃 해야 되는 거 아니니?
Victoria: 아니야, 내가 알기로는 12시야.

118 It's no use -ing

~해봤자 소용없어, ~해도 소용없어

"나한테 말해봤자 소용없어. 난 권한이 없어.", "후회해봤자 소용없어. 이미 지난 일이야."처럼 무엇을 해봤자 소용없다고 말할 때 쓰는 패턴이에요. 그냥 It's no use.라고만 해도 "소용없어."라는 뜻이 됩니다.

 step1 패턴 활용 연습

It's no use arguing. 다퉈봤자 소용없어.
It's no use making excuses. 변명해도 소용없어.
It's no use trying to run. 달아나려고 해봤자 소용없어.
It's no use crying over spilt milk. 쏟아진 우유를 놓고 울어도 소용없다.(이미 엎질러진 물이다.)

 **step2 실전 회화 훈련**

Violet   Tony is mad at me for making fun of his girlfriend.
Todd   Oh my God. What are you going to do?
Violet   I will call him and apologize.
Todd   _____
         걔한테 전화해도 소용없어.
         He won't talk to you anymore.

Violet: 내가 토니 여자친구에 대해서 좀 놀렸더니 토니가 화났다.
Todd: 오 이런. 너 이제 어쩔 거니?
Violet: 전화해서 사과해야지.
Todd: It's no use calling him. 걔 너하고 다시는 얘기 안 할 거다.

Don't bother ~

애써/굳이 ~할 필요 없어

직역하면 '~하는 데 애쓰지 마'란 뜻인데요. 애써서 굳이 무엇을 할 필요가 없어진 상황에서 쓰는 말이에요. "애써 거짓말할 필요 없어. 나 다 알고 있어.", "이번 달에도 실적을 못 올리면, 애써 출근할 필요 없어(회사 나오지 마)."처럼 쓸 수 있죠. Don't bother 뒤에는 동명사나 to부정사 둘 다 올 수 있어요. 참고로 그냥 Don't bother.라고 하면 '신경 쓰지 마, 내버려둬'란 뜻이 되고, 「Don't bother +사람」은 '~를 귀찮게 하지 마'란 뜻이에요.

 step1 패턴 활용 연습

Don't bother coming back.	굳이 돌아올 필요 없어.
Don't bother asking.	애써 물어볼 필요 없어.
Don't bother to call again.	굳이 다시 전화할 필요 없어.
Don't bother to lie.	애써 거짓말할 필요 없어.

 **step2 실전 회화 훈련**

Juan   Are you avoiding me?
Angela It's not that I'm avoiding you. It's just that…
Juan   _____ I know you hate me.
        설명하려고 애쓸 필요 없어.

Juan: 너 날 피하는 거니?
Angela: 널 피하는 게 아니고, 난 단지…
Juan: Don't bother trying to explain. 네가 나 싫어하는 거 알아.

120 It's not worth -ing

~할 가치도 없어

worth는 '~의 가치가 있는'이란 뜻으로 It's worth it.은 "그만 한 가치가 있어.", It's not worth it.은 "그만 한 가치가 없어."란 뜻이에요. 그리고 「worth -ing」는 '~할 가치가 있다'란 뜻이므로 부정문으로 「It's not worth -ing」라고 하면 '~할 가치도 없어'란 의미가 된답니다.

step1 패턴 활용 연습

It's not worth talking about.	얘기할 가치도 없어.
It's not worth listening.	들을 가치도 없어.
It's not worth paying for.	돈을 지불할 가치도 없어.
It's not worth mentioning.	언급할 가치도 없어.

step2 실전 회화 훈련

Fay   Should I apply to Harvard?
Barb   No, _____
                시도할 가치도 없어.
Fay   What makes you say that?
Barb   With your GPA, you can't even get into an average school.

Fay: 나 하버드에 지원해볼까?
Barb: 아니, it's not worth trying.
Fay: 무슨 근거로 그런 말을 하는 거야?
Barb: 네 학점으로는 넌 평범한 대학에도 못 들어가.

 집중 트레이닝

빈칸에 들어갈 패턴을 넣고, 그 패턴을 이용해 완전한 문장을 만들어보세요.

1 _____ say anything.
너 아무 말도 안 해도 돼.

_____.
너 이거 안해도 돼.(이러지 않아도 돼.)

2 _____ do better than that.
그것보단 잘해야 할 거야.

_____.
서둘러야 할 거야.

3 _____ apologize.
사과할 필요 없어.

_____.
걱정할 필요 없어.

4 _____ trying to run.
달아나려고 해봤자 소용없어.

_____.
변명해도 소용없어.

5 _____ coming back.
굳이 돌아올 필요 없어.

_____.
애써 거짓말할 필요 없어.

6 _____ talking about.

얘기할 가치도 없어.

_____.

들을 가치도 없어.

---

1 You don't have to / You don't have to do this **2** You'll have to / You'll have to hurry **3** There's no need to / There's no need to worry **4** It's no use / It's no use making excuses **5** Don't bother / Don't bother to lie(Don't bother lying) **6** It's not worth / It's not worth listening

Day 18

나 ~ 해, 나 ~ 하고 있어

- 121 I'm kind of ~
- 122 I'm getting ~
- 123 I'm totally ~
- 124 This is totally ~
- 125 I'm in the middle of ~
- 126 I was busy -ing
- 127 I'm having a hard time -ing
- 128 I'm on my way to ~

121 I'm kind of ~

나 좀 ~해

"나 좀 바빠", "나 좀 피곤해"처럼 '나 좀 ~해'라고 내 상태를 말하고 싶을 때 「I'm kind of ~」 패턴을 사용합니다. kind of 뒤에는 당연히 상태를 나타내는 형용사가 오겠죠? 비슷한 의미로 「I'm sort of ~」도 쓸 수 있어요.

step1 패턴 활용 연습

I'm kind of tired.   나 좀 피곤해.
I'm kind of nervous.   나 좀 긴장 돼.
I'm kind of hungry.   나 좀 배고파.
I'm kind of surprised.   나 좀 놀랐어.

step2 실전 회화 훈련

Andy   Can you help me with this paper?
Don   I'm sorry but _____
              나 지금 좀 바빠.
Andy   Please! It'll only take a second.
Don   Okay, okay, what do you need help with?

Andy: 이거 작문하는 것 좀 도와줄 수 있니?
Don: 미안하지만 I'm kind of busy right now.
Andy: 제발! 이거 1초밖에 안 걸릴 거야.
Don: 알았다, 알았어, 뭘 도와주리?

122 I'm getting ~

나 점점 ~해

get의 수많은 의미 중에 '~게 되다'라는 것이 있는데요. 그래서 「I'm getting + 형용사」 하면 '나 점점 ~게 돼'라는 뜻이 된답니다. 예를 들어 I'm cold.는 '나 추워.'란 뜻이지만, I'm getting cold.라고 하면 '나 점점 추워.'란 뜻이 되는 거지요.

step1 패턴 활용 연습

I'm getting sleepy.   나 점점 졸려.
I'm getting worried.   나 점점 걱정이 돼.
I'm getting hungry.   나 점점 배고파.
I'm getting fat.   나 점점 살찌고 있어.

step2 실전 회화 훈련

Scott   _____
          나 점점 늙고 있어요.
Henry   What are you talking about? You're only 20.
Scott   20 is old.
Henry   What about me then? I'm 40.
Scott   Wow, you are really old.

Scott: I'm getting old.
Henry: 무슨 소리야. 넌 이제 20살인데.
Scott: 20살이면 늙은 거죠.
Henry: 그럼 난 뭐냐? 난 40살인데.
Scott: 우와, 당신 진짜 늙었네요.

123 I'm totally ~

나 완전 ~해

"나 완전 멘붕이야.", "나 완전 새됐어."처럼 '나 완전 ~해'라는 말은 '완전히'라는 뜻의 totally를 이용해서 「I'm totally ~」 패턴으로 표현해요. 미국과 한국이 언어는 달라도 표현방식은 비슷한 것 같아요.

step1 패턴 활용 연습

I'm totally surprised.   나 완전 놀랐어.
I'm totally exhausted.   나 완전 쓰러질 것 같아.
I'm totally screwed.   나 완전 망했어.
I'm totally sober.   나 완전 맨정신이야.

step2 실전 회화 훈련

George   _____
                나 완전 취했어.
Arthur   How many drinks did you have?
George   I think I had about 2 bottles of soju.
Arthur   No wonder you smell like soju.

George: I'm totally drunk.
Arthur: 얼마나 마셨길래 그래?
George: 아마 소주 2병은 마신 것 같은데.
Arthur: 어쩐지 너한테 소주냄새가 진동하더라니.

screwed (일이) 엉망으로 된
sober 술 취하지 않은, 맨정신의

124 This is totally ~
이거 완전 ~해, 이거 절대로 ~해

바로 앞에 나온 패턴과 마찬가지로 "이거 완전 좋아.", "이거 완전 사기야." 등 '이거 완전 ~해'에 해당하는 패턴은 「This is totally ~」라고 해요. 부정적 의미의 문장에서는 '이거 절대로/전적으로 ~해'란 의미가 됩니다.

step1 패턴 활용 연습

This is totally amazing. 이거 완전 놀랍다.
This is totally awesome. 이거 완전 멋지다.
This is totally crazy. 이거 완전 미친 짓이야.
This is totally unacceptable. 이거 절대로 용납할 수 없어.

step2 실전 회화 훈련

Gregory _____
          이거 완전 멋진데.
Steve   You've never played this game before?
Gregory No, this is my first time playing it.
Steve   Enjoy! This is the best game ever.

Gregory: This is totally cool.
Steve: 이 게임 안 해봤어?
Gregory: 안 해봤어, 나 이거 처음 해보는 거야.
Steve: 즐겨! 이 게임은 여태까지 나온 것 중에 최고거든.

awesome 멋진, 끝내주는

125 I'm in the middle of ~

나 (한창) ~하는 중이야

중요한 회의 중에 전화가 걸려오거나, 한창 식사 중에 전화가 걸려온다면 '나 ~ 하는 중이야. 나중에 전화할게.'라고 하겠죠. 이때 '나 한창 ~하는 중이야'라는 패턴이 바로 「I'm in the middle of ~」랍니다. of 뒤에는 명사나 동명사가 옵니다.

step1 패턴 활용 연습

I'm in the middle of a meeting.	나 회의 중이야.
I'm in the middle of a phone call.	나 전화통화하던 중이야.
I'm in the middle of something.	나 뭐 좀 하던 중이야.
I'm in the middle of cooking now.	나 지금 한창 요리 중이야.

step2 실전 회화 훈련

Melisa	Hello, Ed.
Ed	Hi, Melisa.
Melisa	Did I catch you at a bad time?
Ed	Actually _____
	지금 회의 중이었거든.
	Can I call you back?
Melisa	Oh, sure. I'll talk to you later.

Melisa: 안녕, 에드.

Ed: 안녕, 멜리사.

Melisa: 내가 바쁠 때 전화한 건가?

Ed: 사실은 I'm in the middle of a meeting right now. 조금 이따가 내가 전화 걸어도 될까?

Melisa: 아, 그럼. 나중에 통화하자.

> Did I catch you at a bad time? 제가 곤란할 때 전화했나요?/찾아왔나요?

126 I was busy -ing

나 ~하느라 바빴어

"나 일하느라 바빴어.", "나 애 보느라 바빴어."처럼 '나 ~하느라 바빴어'라고 할 때 쓰는 패턴이에요. 바빠서 정신이 없었다고 하거나, 전화를 못받았을 때 쓰면 좋겠죠. 만약 현재 어떤 일을 하느라 바쁜데 친구가 찾아오거나 전화가 걸려온 다면 시제를 현재로 해서 「I'm busy -ing」라고 하면 됩니다.

step1 패턴 활용 연습

I was busy babysitting three kids. 나 애들 셋을 돌보느라 바빴어.
I was busy doing my homework. 나 숙제하느라 바빴어.
I was busy cooking. 나 요리하느라 바빴어.
I was busy running errands. 나 심부름 하느라 바빴어.

step2 실전 회화 훈련

Derek   Why didn't you show up this morning?
Jamie   _____
         공부하느라 바빴어.
Derek   Studying for what?
Jamie   The final exams start tomorrow.

Derek: 너 오늘 아침에 왜 안 나타났니?
Jamie: I was busy studying.
Derek: 무슨 공부?
Jamie: 학기말 고사가 내일 시작이야.

> run an errand 심부름을 하다
> show up (예정된 곳에) 나타나다

127 I'm having a hard time -ing
나 ~하는 게 힘들어

「have a hard time -ing」는 '~하는 게 힘들다'라는 뜻이에요. 그래서 현재 자신이 가지고 있는 어려움을 얘기할 때는 현재진행형으로 「I'm having a hard time -ing」라고 합니다. 지난 일에 대해 '~하는 게 힘들었어'라고 말할 때는 그냥 과거형으로 「I had a hard time -ing」라고 하면 돼요.

step1 패턴 활용 연습

I'm having a hard time finding a job.	나 일자리 구하는 게 힘들어.
I'm having a hard time falling asleep.	나 잠드는 게 힘들어.
I'm having a hard time deciding on which car I should buy.	어느 차를 살지 결정하는 게 힘들어.
I'm having a hard time writing a paper.	나 레포트 쓰는 거 힘들어.

step2 실전 회화 훈련

Kelly _____

　　　　살 빼는 게 참 힘들구나.

Nora　You are trying to lose weight? Why?

Kelly　Can't you see? I'm fat!

Nora　If you are fat, what am I?

Kelly: I'm having a hard time losing weight.
Nora: 너 살 빼려고? 왜?
Kelly: 보면 모르겠니? 나 뚱뚱하잖아!
Nora: 네가 뚱뚱한 거면 난 뭐냐?

paper 레포트
lose weight 살을 빼다

128 I'm on my way to ~

나 ~에 가는 중이야, 나 ~에 가고 있어

"나 병원 가는 중이야.", "나 지금 공항으로 가고 있어."처럼 '나 ~에 가는 중이야'라고 말할 때 쓰는 패턴이에요. 가는 장소가 명사이면 「I'm on my way to+명사」로 쓰고, 장소가 home이나 out 등의 부사이면 to를 빼고 「I'm on my way+부사」로 씁니다. 어떤 장소로 간다는 게 아니라 '나 ~하러 가는 중이야'라고 목적을 말할 때는 「I'm on my way to+동사원형」을 쓰면 됩니다.

step1 패턴 활용 연습

I'm on my way to the hotel. 나 호텔에 가는 중이야.
I'm on my way to the gym right now. 나 지금 체육관으로 가고 있어.
I'm on my way home now. 나 지금 집에 가고 있어.
I'm on my way to meet my girlfriend. 나 여자친구 만나러 가는 중이야.

step2 실전 회화 훈련

Ashley Where are you now?
JJ _____
       결혼식에 가고 있는 중이야.
Ashley Are you almost here?
JJ I'll be there in 10 minutes.

Ashley: 지금 어디니?
JJ: I'm on my way to the wedding.
Ashley: 거의 다 왔니?
JJ: 10분 안에 도착할 거야.

 집중 트레이닝

빈칸에 들어갈 패턴을 넣고, 그 패턴을 이용해 완전한 문장을 만들어보세요.

1 _____ tired.
나 좀 피곤해.

_____.
나 좀 놀랐어.

2 _____ sleepy.
나 점점 졸려.

_____.
나 점점 살찌고 있어.

3 _____ surprised.
나 완전 놀랐어.

_____.
나 완전 맨정신이야.

4 _____ crazy.
이거 완전 미친 짓이야.

_____.
이거 절대로 용납할 수 없어.

5 _____ a meeting.
나 회의 중이야.

_____.
나 전화통화하던 중이야.

6 _____ cooking.

나 요리하느라 바빴어.

_____.

나 숙제하느라 바빴어.

7 _____ falling asleep.

나 잠드는 게 힘들어.

_____.

나 일자리 구하는 게 힘들어.

8 _____ the gym right now.

나 지금 체육관으로 가고 있어.

_____.

나 호텔에 가는 중이야.

---

1 I'm kind of / I'm kind of surprised **2** I'm getting / I'm getting fat **3** I'm totally / I'm totally sober **4** This is totally / This is totally unacceptable **5** I'm in the middle of / I'm in the middle of a phone call **6** I was busy / I was busy doing my homework **7** I'm having a hard time / I'm having a hard time finding a job **8** I'm on my way to / I'm on my way to the hotel

19 Day

시간, 때

- 129 How long does it take to ~?
- 130 How long have you p.p. ~?
- 131 How late ~?
- 132 How soon ~?
- 133 It's time to ~
- 134 There is no time to ~
- 135 It's been a while since ~
- 136 Every time ~

129 How long does it take to ~?
~하는 데 얼마나 걸려?

How long does it take?는 '얼마나 걸려?', 즉 어떤 일에 소요되는 시간을 묻는 질문인데요, 여기에 「How long does it take to+동사원형?」하게 되면 '~하는 데 얼마나 걸려?'라는 뜻이 되고, 「How long does it take to+장소?」하면 '~까지 가는 데 얼마나 걸려?'가 됩니다. 그리고 「How long does it take by+교통수단?」하면 '~을 타고 가는 데 얼마나 걸려?'라는 뜻이 되죠.

step1 패턴 활용 연습

How long does it take to get there? — 거기 도착하는 데 얼마나 걸려?
How long does it take to fix this? — 이거 고치는 데 얼마나 걸려요?
How long does it take to get a passport? — 여권 만드는 데 얼마나 걸려?
How long does it take to Seoul? — 서울까지 얼마나 걸려?

step2 실전 회화 훈련

Randy _____
         이거 수리하는 데 얼마나 걸리나요?
Kim   It'll probably take about 4 to 6 hours.
Randy   That long?
Kim   If you pay double, we can have it done in 2 hours.

Randy: How long does it take to repair this?
Kim: 한 네 시간에서 여섯 시간 걸려요.
Randy: 그렇게나 오래 걸려요?
Kim: 돈을 두 배로 주시면, 두 시간 안에 해드릴 수도 있지요.

130 How long have you p.p. ~?

~한 지 얼마나 됐어?, 얼마 동안 ~했어?

무엇을 한 지 얼마나 되었는가 하는 기간을 물어볼 때는 단순히 현재형이나 과거형이 아니라 현재완료시제로 「How long have you p.p.?」를 사용해요. '기간'이라는 것은 시간의 한 시점이 아니라 쭉 연결되는 것이기 때문이죠. 물어보는 그 순간에도 그 행동을 하고 있거나, 현재에 좀 더 비중을 둬서 물을 때는 현재완료진행형인 「How long have you been -ing?」도 많이 씁니다. How long have you been waiting?(기다린 지 얼마나 됐어?)처럼요.

 step1 패턴 활용 연습

How long have you been here?   여기에 온 지 얼마나 됐어?
How long have you known her?   그녀를 안 지 얼마나 됐어?
How long have you worked there?   거기서 얼마나 일했어?
How long have you been studying English?   영어를 공부한 지 얼마나 됐어?

step2 실전 회화 훈련

Russell   _____
           TV 본 지 얼마나 됐니?

Melanie   I've been watching it all day.

Russell   You must really like watching TV.

Melanie   No. It's just that I have nothing else to do.

Russell: How long have you been watching TV?
Melanie: 하루 종일 보고 있는 중이야.
Russell: TV 보는 거 정말 좋아하나 보구나.
Melanie: 아냐. 그냥 달리 할 일이 없어서 그래.

It's just that... (특별한 이유가 있다기보다는) 그냥 ~해서 그래

131 How late ~?

언제까지 ~해?, 몇 시까지 ~해?

How late를 직역하면 '얼마나 늦게'란 뜻이지만, 우리말로는 '언제까지' 또는 '몇 시까지'로 해석하는 것이 자연스러워요. 상점이나 어떤 시설이 몇 시까지 영업하거나 운영하는지 물어볼 때 자주 사용합니다.

How late are you open? 몇 시까지 영업해요?
How late is the bank open? 은행 몇 시까지 영업해?
How late does the subway run? 지하철 몇 시까지 다녀?
How late will you be out? 언제까지 밖에 있을 거야?

Phillip	_____
	몇 시까지 영업해요?
Ian	We are open 24 hours a day.
Phillip	Wow, that's cool. So I can come anytime I want?
Ian	Anytime you want.

Phillip: How late are you open?
Ian: 24시간 내내 영업합니다.
Phillip: 우와, 좋네요. 그럼 내가 원할 때 아무 때나 와도 되는 건가요?
Ian: 원하는 시간 언제든지요.

132 How soon ~?

언제까지 ~해?, 언제 ~해?, 얼마나 빨리 ~해?

"이 옷 언제까지 수선해주실 수 있나요?"라고 묻는다면, 여기서 질문의 취지는 "이 옷 얼마나 빨리 수선해주실 수 있나요?"겠죠? 이럴 때 「How soon ~?」 패턴을 사용해요. 「How soon ~?」 문장이 '언제까지', '언제'로 해석되더라도, 그 안에는 '얼마나 빨리'라는 뜻을 포함하고 있다는 것 잊지 마세요.

 step1 패턴 활용 연습

How soon can you get here?	여기 언제까지 올 수 있어?
How soon can I get it back?	그거 언제 돌려받을 수 있어?
How soon do you want it delivered?	언제까지 배달해드리면 될까요?
How soon do you have to leave?	언제 출발해야 하는 거야?

 step2 실전 회화 훈련

Esther　_____
　　　　　이거 언제까지 해주실 수 있나요?
Isaiah　　It depends.
Esther　　Depends on what?
Isaiah　　It depends on how soon you want it.

Esther: How soon can you get it done?
Isaiah: 상황에 따라 다르지요.
Esther: 어떤 상황에 따라 다른데요?
Isaiah: 고객님께서 얼마나 빨리 원하느냐에 따라 달라지지요.

133 It's time to ~

이제 ~할 시간이야, 이제 ~할 때야

"이제 잘 시간이다. TV 그만 보고 올라가."처럼 상대방에게 무엇을 할 시간이 되었음을 알릴 때 쓰는 패턴이에요. '때가 되었으니 이제 ~해라'라는 뜻이기도 해요. It's를 생략하고 그냥 「Time to ~」라고도 씁니다.

step1 패턴 활용 연습

It's time to go to bed. 이제 잘 시간이야.
It's time to go home. 이제 집에 갈 시간이야.
It's time to get up. 일어날 시간이야.
It's time to move on. 이제 새롭게 시작할 때야.

step2 실전 회화 훈련

Amos   What are you doing up?
Gideon   I'm studying for the mid-term.
Amos   _____
         이제 잘 시간이야.
Gideon   What are you, my mom?

Amos: 안 자고 뭐해?
Gideon: 중간고사 때문에 공부 중이야.
Amos: It's time to go to sleep.
Gideon: 네가 우리 엄마냐?

move on (마음을 정리하고) 새롭게 시작하다
up (안 자고) 깨어 있는
mid-term 중간고사

There is no time to ~

~할 시간 없어

"꾸물거릴 시간 없어.", "생각할 시간 없어."처럼 '~할 시간 없어'라고 말할 때 쓰는 패턴이에요. 시간이 없는데 상대방이 꾸물거리거나 망설일 때, 시간이 없는데 상대방이 말을 걸거나 뭘 해달라고 할 때 등 여러 상황에서 시간이 없고 촉박함을 나타낼 때 사용해요. 줄여서 「There's no time to ~」로도 많이 씁니다.

There is no time to wait.　　　　기다릴 시간이 없어.
There is no time to explain.　　　설명할 시간이 없어.
There is no time to lose.　　　　허비할 시간이 없어.
There is no time to think.　　　　생각할 시간이 없어.

step2 실전 회화 훈련

Plato　　Should I run away or not?
Aristotle　You should definitely run away. Come on,
　　　　_____
　　　　망설일 시간이 없어.
Plato　　Give me two good reasons why I should.
Aristotle　Dude, there is no time for that.

Plato: 도망가야 할까 말아야 할까?
Aristotle: 무조건 도망가야지. 왜 이래, there is no time to hesitate.
Plato: 내가 왜 그래야 하는지 그 이유를 두 가지만 대봐.
Aristotle: 야, 지금 그럴 시간 없어.

135 It's been a while since ~

~한 지 오래되었다

오랜만에 친구를 만났다거나 어디에 가본 지 오래되었을 때 등 마지막으로 무엇을 한 후로 시간이 꽤 흘렀음을 나타내는 패턴이에요. 같은 의미로 a while 대신 a long time이나 ages를 넣어서 「It's been a long time since ~」나 「It's been ages since ~」라고도 할 수 있어요.

step1 패턴 활용 연습

It's been a while since I've been there.   거기 가본 지 오래되었다.

It's been a while since we last came here.   우리 마지막으로 여기 온 지 한참 되었네.

It's been a while since we met.   우리 얼굴 본 지 꽤 되었네.

It's been a while since I had a drink.   술을 마신 지 오래되었다.

step2 실전 회화 훈련

Socrates   _____ right?
    우리 마지막으로 본 지 꽤 됐다.

Herman   Yeah, it's been like what, 5 years?

Socrates   No, it's been 10 years already.

Herman   Really? Wow, time flies like an arrow.

Socrates: It's been a while since we last met, 그렇지?
Herman: 응, 한 5년 정도 됐나?
Socrates: 아냐, 벌써 10년 됐어.
Herman: 진짜? 우와, 세월 진짜 빠르다.

Time flies like an arrow.
세월은 화살처럼 빨리 간다

136 Every time ~

~할 때마다

"걔는 만날 때마다 회사 욕을 해. 그러면서 왜 계속 다니는지 모르겠어.", "난 여기 올 때마다 정식만 먹어. 싸고 맛있거든."처럼 '~할 때마다 ~해'라고 말할 때 「Every time 주어+동사」 패턴을 씁니다. 뭔가를 할 때마다 꼭 무슨 일이 일어난다거나, 무엇을 할 때마다 다른 무언가도 함께 한다고 말할 때 사용하면 됩니다. Every time 뒤에는 현재형뿐만 아니라 과거형 문장도 쓸 수 있어요.

 step1 패턴 활용 연습

Every time I wash my car, it rains.
세차를 할 때마다 비가 와.

Every time I see her, my heart thumps like crazy.
그녀를 볼 때마다 심장이 미친 듯이 뛰어.

Every time I come to Quebec, I eat poutine.
퀘벡에 올 때마다 난 푸틴을 먹어.

Every time I see you, you get prettier and prettier.
너는 볼 때마다 점점 더 예뻐지는구나.

 step2 실전 회화 훈련

Fredrick _____
이 음악을 들을 때마다 난 네 생각을 해.

Penny How sweet of you!

Fredrick When do you think of me?

Penny I think of you all the time.

Fredrick: Every time I listen to this music, I think of you.
Penny: 너무 로맨틱하다~
Fredrick: 넌 언제 내 생각을 하니?
Penny: 난 늘 네 생각을 해.

thump (심장이) 쿵쾅쿵쾅 뛰다
poutine 감자튀김에 모차렐라 치즈와 그레이비를 얹어서 먹는 캐나다 퀘벡의 음식

 집중 트레이닝

빈칸에 들어갈 패턴을 넣고, 그 패턴을 이용해 완전한 문장을 만들어보세요.

1 _____ to get there?
거기 도착하는 데 얼마나 걸려?

_____?
이거 고치는 데 얼마나 걸려요?

2 _____ been here?
여기에 온 지 얼마나 됐어?

_____?
그녀를 안 지 얼마나 됐어?

3 _____ is the bank open?
은행 몇 시까지 영업해?

_____?
지하철 몇 시까지 다녀?

4 _____ can you get here?
여기 언제까지 올 수 있어?

_____?
언제까지 배달해드리면 될까요?

5 _____ go to bed.
이제 잘 시간이야.

_____.
이제 집에 갈 시간이야.

203

6 _____ wait.

기다릴 시간이 없어.

_____.

설명할 시간이 없어.

7 _____ we met.

우리 얼굴 본 지 꽤 되었네.

_____.

거기 가본 지 오래되었다.

8 _____ I see her, my heart thumps like crazy.

그녀를 볼 때마다 심장이 미친 듯이 뛰어.

_____.

세차를 할 때마다 비가 와.

---

1 How long does it take / How long does it take to fix this 2 How long have you / How long have you known her 3 How late / How late does the subway run 4 How soon / How soon do you want it delivered 5 It's time to / It's time to go home 6 There is no time to / There is no time to explain 7 It's been a while since / It's been a while since I've been there 8 Every time / Every time I wash my car, it rains

Day 20

너 ~하니?, 너 ~해보니?

- 137 Do you ever ~
- 138 How often do you ~?
- 139 When was the last time ~?
- 140 Since when do you ~?
- 141 Have you ever p.p. ~?
- 142 Have you seen ~?
- 143 Have you ever thought about ~?
- 144 Have you thought about ~?

137 Do you ever ~

너 ~할 때가 있니?, 너 ~하니?, 너 ~한 적 있니?

여기서 ever는 '한번이라도, 한번'이란 의미로, 이 패턴은 상대방이 무엇을 하거나 한 적이 있는지 궁금해서 물어볼 때 사용해요. 이 패턴이 현재완료형의 경험 용법과 다른 점은 단순히 상대방의 과거 경험을 묻는 것이 아니라, 과거와 현재 구분 없이 무엇을 (한번이라도/종종) 하는지 상대방의 성향이나 활동에 관해 묻는다는 거예요. 상황에 따라 '~을 하긴 하니?'란 뜻으로 쓰기도 해요.

 step1 패턴 활용 연습

Do you ever think before you speak? — 너 말하기 전에 생각하고 할 때가 있니?

Do you ever have a normal girlfriend? — 너 평범한 여자친구를 사귈 때도 있니?

Do you ever shop at IFC mall? — 너 IFC몰에서 쇼핑 하니?

Do you ever watch SNL Korea? — 너 SNL 코리아 본 적 있니?

 step2 실전 회화 훈련

Ross _____
　　　너 옛날 여자친구(ex-girlfriend) 생각할 때 있니?

Julian　Yes, I think about her from time to time.

Ross　When do you think about her?

Julian　Whenever I have a fight with my current girlfriend.

Ross: Do you ever think about your ex-girlfriend?
Julian: 응, 이따금씩 생각해.
Ross: 언제 생각하는데?
Julian: 현재 여자친구랑 싸울 때마다.

from time to time 때때로, 이따금씩

138 How often do you ~?

얼마나 자주 ~해?

"얼마나 자주 술 마셔?", "남자친구는 얼마나 자주 만나?"처럼 상대방이 얼마나 자주 무엇을 하는지, 얼마나 자주 어디에 가는지 등 어떤 일을 하는 빈도를 물어볼 때 쓰는 패턴이에요. often이 '자주'라는 뜻이니까 How often이라고 하면 '얼마나 자주'라는 뜻이 되지요.

 step1 패턴 활용 연습

How often do you go shopping?   얼마나 자주 쇼핑하니?
How often do you work out?   얼마나 자주 운동해?
How often do you eat out?   얼마나 자주 외식해?
How often do you go to the movies?   얼마나 자주 영화 보러 가?

 **step2 실전 회화 훈련**

Gus   _____
      여기 얼마나 자주 오니?
Lilly   This is my second time coming here. What about you?
Gus   I come here once or twice every week.
Lilly   You must really like this place.

Gus: How often do you come here?
Lilly: 이번이 두 번째 온 거야. 넌 어때?
Gus: 난 매주 한두 번은 와.
Lilly: 너 여기 진짜 좋아하나 보구나.

work out 운동하다, 헬스하다
once or twice every week
매주 한 두 번씩

When was the last time ~?

마지막으로 ~한 게 언제야?

"너 마지막으로 데이트해 본 게 언제야?", "우리 마지막으로 본 게 언제지?"처럼 '마지막으로 ~한 게 언제야?'라고 물을 때 쓰는 패턴이에요. '마지막으로 ~한 것' 이란 의미의 「the last time 주어+동사」 앞에 언제였는지 묻는 When was가 와서 '마지막으로 ~한 게 언제야?'란 질문이 되었습니다.

When was the last time you saw him?	너 마지막으로 그를 본 게 언제야?
When was the last time you had a girlfriend?	너 마지막으로 여자친구 있었던 게 언제야?
When was the last time you were there?	너 마지막으로 거기 가본 게 언제야?
When was the last time we talked?	우리 마지막으로 얘기한 게 언제야?

Frank	_____
	너 폴이랑 마지막으로 얘기한 게 언제니?
Vince	It's been quite a while. I can't even remember when.
Frank	I thought you guys were best friends.
Vince	We used to be, but not anymore.

Frank: When was the last time you talked to Paul?
Vince: 꽤 됐지. 언제였는지 기억도 잘 안 나네.
Frank: 난 너희 둘이 제일 친한 줄 알았는데.
Vince: 예전엔 그랬지. 하지만 이젠 아냐.

140 Since when do you ~?

너 언제부터 ~하는 거야?, 네가 언제부터 ~했다고 그래?

순진한 그녀가 갑자기 입에 담배를 물 때 우리는 놀라서 "너 언제부터 담배 피워?"라고 물어보고, 생전 공부 안하던 녀석이 공부한다며 시끄럽다고 할 때는 "네가 언제부터 공부했다고 그래?"라고 타박하잖아요. 이처럼 상대방의 새로운 모습을 보고 놀랐을 때 "너 언제부터 ~하는 거야?"라는 의미로도 쓰고, 상대방의 행동이 마음에 들지 않을 때 비아냥거리며 "네가 언제부터 ~했다고 그래?"란 의미로도 쓰는 패턴이에요. 과거형인 「Since when did you ~?」로도 쓸 수 있어요.

step1 패턴 활용 연습

Since when do you smoke? — 너 언제부터 담배 피우는 거야?
Since when do you wear cologne? — 너 언제부터 향수 뿌리는 거야?
Since when do you care? — 네가 언제부터 신경 썼다고 그래?
Since when do you work with him? — 너 언제부터 그와 함께 일하는 거야?

step2 실전 회화 훈련

Nicole   Do you mind if I smoke?
Molly   _____
          네가 언제부터 내 허락(permission)을 받았다고 그래?
Nicole   Since today.
Molly   Hey, why don't you just quit smoking?
Nicole   I wish I could.

Nicole: 나 담배 피워도 괜찮겠니?
Molly: Since when do you ask for my permission?
Nicole: 오늘부터.
Molly: 야, 그냥 담배 끊는 게 어때?
Nicole: 나도 그럴 수 있으면 참 좋겠다.

cologne 남자들이 주로 쓰는 연한 향수

Have you ever p.p. ~?

너 ~해본 적 있니?

"너 한국을 벗어나본 적 있니?", "너 오로라를 본 적이 있니?"처럼 상대방에게 무언가를 해본 경험이 있는지 물을 때 「Have you ever p.p.?」 패턴을 사용합니다. '한번이라도'란 의미의 ever와 현재완료형의 시제가 합쳐져서 경험을 묻는 질문이 되었습니다.

Have you ever been to Switzerland?	너 스위스에 가본 적 있니?
Have you ever seen Kangaroos?	너 캥거루 본 적 있니?
Have you ever done this before?	너 이거 전에 해본 적 있니?
Have you ever cheated on your wife?	너 아내 몰래 바람 피운 적 있니?

Stephanie	_____
	너 나한테 거짓말한 적 있니?
Ursula	Not that I know of.
Stephanie	Think harder.
Ursula	But, even if I have lied to you, I don't think I would tell you.

Stephanie: Have you ever lied to me?
Ursula: 내 기억으로는 없는데.
Stephanie: 좀 더 골똘히 생각해봐.
Ursula: 근데, 내가 너에게 거짓말을 했다고 하더라도 너에게 말해줄 것 같지는 않구나.

> **Not that I know of.** 내가 아는 한 그렇지 않다, 내 기억으로는 없다

Have you seen ~?

너 ~ 봤니?

"너 분노의 질주 봤니?", "너 혹시 내 시계 봤니?", "너 제니퍼 봤니?" 이렇게 상대방이 어떤 영화를 봤는지, 찾고 있는 내 물건을 봤는지, 찾고 있는 사람을 봤는지 등 다양한 상황에서 '너 ~봤니?'라고 물어볼 때 유용하게 쓰는 패턴이 바로 「Have you seen ~?」이에요.

 step1 패턴 활용 연습

Have you seen Silver Linings Playbook? — 너 '실버라이닝 플레이북' 봤니?

Have you seen my cell phone? — 너 내 휴대전화 봤니?

Have you seen Vanessa? — 너 바네사 봤니?

Have you seen him lately? — 너 최근에 그를 봤니?

Jesus _____
       당신 우리 아버지를 봤는가?

Buddha You mean God?

Jesus Yes, have you seen him?

Buddha I don't know what he looks like.

Jesus: Have you seen my father?
Buddha: 하느님 말인가?
Jesus: 그렇다네, 그를 보았는가?
Buddha: 난 그가 어떻게 생겼는지 모른다네.

143 Have you ever thought about ~?

~에 대해 생각해본 적 있니?

"창업에 대해 생각해본 적 있니?", "성형수술을 생각해본 적 있니?"처럼 상대방이 어떤 생각을 해본 적이 있는지 물어볼 때 쓰는 패턴이에요. about 뒤에는 명사 또는 명사 역할을 하는 동명사나 명사절이 옵니다.

step1 패턴 활용 연습

Have you ever thought about adoption?	너 입양에 대해 생각해본 적 있니?
Have you ever thought about becoming an actor?	너 배우가 되는 거 생각해본 적 있니?
Have you ever thought about writing a book?	너 책 쓰는 거 생각해본 적 있니?
Have you ever thought about why people give to charity?	너 사람들이 왜 기부하는지 생각해본 적 있니?

step2 실전 회화 훈련

Emily　_____
　　　　영어 선생님 되는 거 생각해본 적 있니?

Arnold　Why would I think about that? I don't even like English.

Emily　But you are fluent in English.

Arnold　That's because I was born in the States.

Emily: Have you ever thought about becoming an English teacher?
Arnold: 내가 그런 생각을 왜 하나? 난 영어를 좋아하지도 않는데.
Emily: 하지만 너 영어 잘하잖아.
Arnold: 그거야 미국에서 태어났으니까 그렇지.

give to charity 자선사업에 돈을 내다
fluent (언어, 특히 외국어 실력이) 유창한
the States 미국; the United States of America의 줄임말

144 Have you thought about ~?

~에 대해 생각해봤어?

상대방에게 어떤 제안을 하거나, 무엇에 대해 한번 생각해보라고 얘기하고 나서 얼마 후, 그 동안 생각을 해보았는지, 결정을 내렸는지 등을 물어볼 때 쓰는 패턴이에요. 앞에 나온 「Have you ever thought about ~?」과 같은 의미로 사용되기도 합니다.

 step1 패턴 활용 연습

Have you thought about my proposal? — 내 제안에 대해 생각해봤어?

Have you thought about what I said? — 내가 얘기한 것에 대해 생각해봤어?

Have you thought about what you'd like to do today? — 오늘 뭐 할지 생각해봤어?

Have you thought about getting married? — 결혼에 대해 생각해봤어?

 **step2 실전 회화 훈련**

Mike _____
어젯밤에 내가 얘기한 것에 대해 생각해봤니?

John   Did you say something last night?

Mike   How can you not remember that?

John   I'm sorry, but I wasn't quite myself last night.

Mike: Have you thought about what I said last night?
John: 어젯밤에 무슨 얘기 했니?
Mike: 어떻게 기억을 못할 수가 있니?
John: 미안하다, 어젯밤엔 내가 제 정신이 아니었어.

I'm not myself. 난 지금 몸/머리가 좀 이상하다; 제 정신이 아니다

빈칸에 들어갈 패턴을 넣고, 그 패턴을 이용해 완전한 문장을 만들어보세요.

1 _____ think before you speak?
너 말하기 전에 생각하고 할 때가 있니?

_____?
너 평범한 여자친구를 사귈 때도 있니?

2 _____ go to the movies?
얼마나 자주 영화 보러 가?

_____?
얼마나 자주 외식해?

3 _____ you had a girlfriend?
너 마지막으로 여자친구 있었던 게 언제야?

_____?
우리 마지막으로 얘기한 게 언제야?

4 _____ smoke?
너 언제부터 담배 피우는 거야?

_____?
네가 언제부터 신경 썼다고 그래?

5 _____ been to Switzerland?
너 스위스에 가본 적 있니?

_____?
너 이거 전에 해본 적 있니?

6 _____ Vanessa?

너 바네사 봤니?

_____?

너 내 휴대전화 봤니?

7 _____ adoption?

너 입양에 대해 생각해본 적 있니?

_____?

너 배우가 되는 거 생각해본 적 있니?

8 _____ what you'd like to do today?

오늘 뭐 할지 생각해봤어?

_____?

내 제안에 대해 생각해봤어?

---

1 Do you ever / Do you ever have a normal girlfriend? **2** How often do you / How often do you eat out **3** When was the last time / When was the last time we talked **4** Since when do you / Since when do you care **5** Have you ever / Have you ever done this before **6** Have you seen / Have you seen my cell phone **7** Have you ever thought about / Have you ever thought about becoming an actor **8** Have you thought about / Have you thought about my proposal

Day 21

왜, 어째서

145 How come ~?
146 Why do/are you always ~?
147 Why are you being so ~?
148 Why can't you ~?
149 Why can't I ~?
150 Why should I ~?
151 Why would I ~?
152 What makes you ~?

How come ~?

왜 ~해?, 어째서 ~한 거야?, 어떻게 ~할 수가 있지?

"너 왜 여기 있어? 지금 학교에 있을 시간 아니야?", "어째서 아무도 나한테 그 얘기를 안 해준 거야?"처럼 어떤 일에 대해 왜 그렇게 되었는지 이해할 수 없거나 놀랐을 때 「How come 주어+동사?」 패턴을 사용해요. 이런 상황에서는 단순히 이유를 묻는 Why보다 How come을 쓰는 게 더 자연스럽답니다. 그냥 How come?이라고만 하면 "어째서?", "어쩌다가?"란 의미가 되는데, 이것도 정말 많이 쓰는 표현이에요.

 step1 패턴 활용 연습

How come you're still here?
너 왜 아직 여기 있어?

How come nobody knows about this?
어떻게 이걸 아무도 모를 수가 있지?

How come you're not eating?
너 왜 안 먹는 거야?

How come you don't shave?
너 왜 면도 안 하는 거야?

 step2 실전 회화 훈련

Stanley　_____
　　　　 너 왜 나 안 좋아하니?

Carmen　What do you mean? I like you.

Stanley　Don't lie to me. I know you hate me.

Carmen　I don't know why you say that.

Stanley: How come you don't like me?
Carmen: 무슨 소리야? 나 너 좋아해.
Stanley: 거짓말하지 마. 네가 날 싫어하는 거 알아.
Carmen: 난 네가 왜 그렇게 말하는지 모르겠다.

Why do/are you always ~?

너 왜 항상 ~하니?

"너 왜 항상 바지만 입니?", "너 왜 항상 공부만 하니?"처럼 상대방이 항상 무엇을 하는 이유가 궁금해서 물어볼 때 「Why do you always+동사원형?」 또는 「Why are you always -ing?」를 사용합니다. 상황에 따라 현재형이나 현재진행형 중에 적당한 것을 쓰면 돼요.

Why do you always get up so early? 너 왜 항상 일찍 일어나니?
Why do you always play sad songs? 너 왜 항상 슬픈 곡만 연주하니?
Why are you always wearing a hat? 너 왜 항상 모자를 쓰고 있니?
Why are you always picking on me? 너 왜 항상 날 못살게 구는 거야?

step2 실전 회화 훈련

Travis	I don't want to do this.
Bonnie	_____
	넌 왜 항상 징징거리니(whine)?
Travis	Come on, I really don't want to do this.
Bonnie	You have no choice but to do it.

Travis: 나 이거 하고 싶지 않아.
Bonnie: Why are you always whining?
Travis: 야 좀, 나 진짜 이거 하고 싶지 않단 말이야.
Bonnie: 넌 달리 선택의 여지가 없어.

pick on somebody ~를 못살게 굴다/괴롭히다
whine 징징거리다

147 Why are you being so ~?

너 왜 그렇게 ~하게 구는 거야?, 너 왜 그렇게 ~하는 거야?

"너 왜 그렇게 못되게 구니?", "너 왜 그렇게 나한테 잘해주니?"처럼 상대방의 행동이 지나치다고 느낄 때, '너 왜 그렇게 ~한 거야?'라는 의미로 쓰는 패턴이에요. 보통 상대방의 행동이 못마땅해 따질 때 많이 사용해요. so 뒤에는 형용사가 옵니다.

 step1 패턴 활용 연습

Why are you being so mean?	너 왜 그렇게 짓궂게 구는 거야?
Why are you being so difficult?	너 왜 그렇게 까다롭게 구는 거야?
Why are you being so stubborn?	너 왜 그렇게 고집을 부리는 거야?
Why are you being so quiet?	너 왜 그렇게 조용하게 있니?

 step2 실전 회화 훈련

Courtney _____
　　　　　너 왜 그렇게 나한테 잘해주는 거니?

Truman　I've always been nice to you.

Courtney　No, you haven't.

Truman　Well, actually, umm, I was wondering if you can lend me some money.

Courtney: Why are you being so nice to me?
Truman: 난 원래 너한테 늘 잘하잖아.
Courtney: 아니, 너 안 그랬어.
Truman: 어, 사실은, 음, 혹시 나 돈 좀 꿔줄 수 있겠니?

148 Why can't you ~?
넌 왜 ~하질 못하니?/않니?

"넌 왜 동생을 가만 내버려두질 못하니?", "넌 왜 가만히 앉아 있질 못하니?"처럼 '넌 왜 ~하질 못하니?'라고 상대방에게 핀잔을 주거나 이해가 안 된다고 말할 때 쓰는 패턴이에요. 단순히 '넌 왜 ~을 못하니?'라고 정말 궁금해서 이유를 물을 때도 사용합니다.

 step1 패턴 활용 연습

Why can't you ever be serious?   넌 왜 항상 진지하질 못하니?
Why can't you see that?   넌 왜 그걸 알지 못하는 거야?
Why can't you just wait and see?   넌 왜 그냥 잠자코 지켜보질 못하니?
Why can't you leave him alone?   넌 왜 걔를 가만 내버려두질 않니?

 step2 실전 회화 훈련

John   넌 왜 그냥 날 가만 내버려두질 못하니?
Ronda   What did I do?
John   You keep nagging me.
Ronda   I wasn't nagging. I was just trying to help you.

John: Why can't you just leave me alone?
Ronda: 내가 뭘 어쨌길래?
John: 계속 잔소리 하잖아.
Ronda: 잔소리 한 거 아니야. 난 그저 널 도와주려고 했던 것뿐이야.

wait and see 기다려 보다, 잠자코 지켜보다
nag (계속) 잔소리를 하다; 바가지 긁다

149 Why can't I ~?

나 왜 ~하면 안되는 거야?, 나는 왜 ~이 되지 않는 거지?

누군가 나에게 무엇을 하면 안된다고 했을 때, "왜 나는 담배 피우면 안돼?", "왜 나는 같이 가면 안돼?"처럼 이유를 묻는 패턴으로 이 「Why can't I ~?」를 쓸 수 있어요. 또 어떤 일이 내 뜻대로 되지 않아서, "왜 아무리 연습해도 난 김연아처럼 되지 않는 거지?", "만나는 사람마다 마마보이, 바람둥이, 백수… 난 왜 정상적인 남자친구가 없는 거지?"라고 하소연할 때도 이 패턴을 사용합니다.

 step1 패턴 활용 연습

Why can't I stay with you?
Why can't I just use a calculator?
Why can't I have a normal boyfriend?
Why can't I be like you?

왜 너랑 같이 있으면 안돼?
왜 그냥 계산기 쓰면 안되는 거야?
나는 왜 정상적인 남자친구가 없는 거지?
나는 왜 너처럼 될 수 없는 거지?

 step2 실전 회화 훈련

Derek _____
왜 내가 네 남자친구가 되면 안 되지?

Beverly You are not my type.

Derek   What's your type?

Beverly I don't know but I do know that you are not my type.

Derek: Why can't I be your boyfriend?
Beverly: 넌 내 스타일이 아냐.
Derek: 네 스타일은 뭔데?
Beverly: 그건 잘 모르겠지만, 네가 내 스타일이 아니란 건 확실히 알아.

150 Why should I ~?

내가 왜 ~해야 해?, 내가 왜 ~해야 하는 건데?

「I should ~」는 '내가 ~하는 것이 바람직하다/좋다'라는 뜻인데요, 이 문장이 why가 들어간 의문문으로 변해서 '내가 왜 ~해야 해?'라는 의미가 되었습니다. "내가 왜 사과해야 해? 걔가 먼저 잘못했잖아.", "내가 왜 널 도와야 하는 건데? 나한테 무슨 이득이라도 있어?"처럼 내가 왜 어떤 행동을 해야 하는지 이유를 물을 때 사용해요.

step1 패턴 활용 연습

Why should I help you? 내가 왜 널 도와줘야 해?
Why should I listen to you? 내가 왜 네 말을 들어야 하는 건데?

Why should I hire you? 내가 왜 당신을 고용해야 하죠?
Why should I believe that? 내가 왜 그걸 믿어야 해?

step2 실전 회화 훈련

Bonnie Jane told me she can't come tonight.
Warren _____
        그게 나랑 무슨 상관이야?(내가 왜 신경 써야 해?)
Bonnie I thought you had a thing for Jane.
Warren Not anymore. I found out that she has a boyfriend.

Bonnie: 제인은 오늘 밤에 못 온다고 하더라.
Warren: Why should I care?
Bonnie: 난 네가 제인 좋아하는 줄 알았는데.
Warren: 이젠 안 좋아해. 그녀에게 남자친구가 있다는 걸 알게 됐거든.

have a thing for someone
~를 좋아하다; ~에게 마음이 있다
find out ~에 대해서 알게 되다

151 Why would I ~?

내가 왜 ~하겠니?/~하니?/~해?

"내가 널 두고 왜 딴 여자를 만나겠니?", "내가 왜 그런 농담을 하겠니?"처럼 상대방이 나의 말을 믿지 않거나 어떤 사실을 잘못 알고 있을 때 '내가 왜 ~하겠니? 내가 그럴 이유가 없잖아'란 뜻으로 항변하는 패턴이에요. 비슷한 상황에서 그냥 Why would I?라고만 말하면 "내가 왜?"라는 뜻이 된답니다.

step1 패턴 활용 연습

Why would I lie to you?   내가 왜 너한테 거짓말을 하겠니?
Why would I say that?   내가 왜 그런 말을 하니?
Why would I do that?   내가 왜 그러겠니?
Why would I try to run?   내가 왜 도망가려고 해?

step2 실전 회화 훈련

Emily   I went out with Peter. Don't hate me.
Hanna   That's great. _____
            내가 왜 널 미워하니?
Emily   Never mind. I thought you had feelings for Peter.

Emily: 나 피터와 데이트했어. 나 미워하지 마.
Hanna: 잘됐다. Why would I hate you?
Emily: 아냐. 난 네가 피터에게 호감있는 줄 알았어.

have feelings for someone
~를 좋아하다, ~에게 마음이 있다

152 What makes you ~?

너 왜(무슨 이유로/근거로) ~하는 거야?

직역하면 '무엇이 널 ~하게 만들었니?'인데, 이 말은 곧 '너 무엇 때문에 ~하니?'란 의미가 됩니다. 상대방이 왜 그렇게 생각하는지, 왜 그런 말을 하는지, 왜 그런 행동을 하는지 등 그 이유를 물을 때 「What makes you + 동사원형?」을 사용해요.

 step1 패턴 활용 연습

What makes you say that?	너 왜 그런 얘길 하는 거야?
What makes you so sure?	너 무슨 근거로 그렇게 확신하는 거야?
What makes you think so?	너 왜 그렇게 생각하는 거야?
What makes you think she's alive?	너 왜 그녀가 살아 있다고 생각하는 거야?

 step2 실전 회화 훈련

Audrey I think you are mad at me.
Bess   _____
        왜 그런 생각하는 거야?
Audrey You haven't spoken to me in a week.
Bess   That's because I had nothing to say.

Audrey: 내가 보기에 너 나한테 화난 것 같아.
Bess: What makes you think that?
Audrey: 너 일주일 동안 나하고 말 한마디도 안 했잖아.
Bess: 그거야 할 말이 없었으니까 그렇지.

haven't p.p. in + 기간
~동안 ~을 하지 않았다

 집중 트레이닝

빈칸에 들어갈 패턴을 넣고, 그 패턴을 이용해 완전한 문장을 만들어보세요.

1 _____ nobody knows about this?
어떻게 아무도 이걸 모를 수가 있지?

_____?
너 왜 아직 여기 있어?

2 _____ get up so early?
넌 왜 항상 일찍 일어나니?

_____?
넌 왜 항상 슬픈 곡만 연주하니?

3 _____ difficult?
너 왜 그렇게 까다롭게 구는 거야?

_____?
너 왜 그렇게 고집을 부리는 거야?

4 _____ ever be serious?
넌 왜 항상 진지하질 못하니?

_____?
넌 왜 걔를 가만 내버려두질 못하니?

5 _____ just use a calculator?
왜 그냥 계산기 쓰면 안되는 거야?

_____?
나는 왜 정상적인 남자친구가 없는 거지?

6 _____ believe that?

내가 왜 그걸 믿어야 해?

_____?

내가 왜 네 말을 들어야 하는 건데?

7 _____ do that?

내가 왜 그러겠니?

_____?

내가 왜 너한테 거짓말을 하겠니?

8 _____ so sure?

너 무슨 근거로 그렇게 확신하는 거야?

_____?

너 왜 그런 얘길 하는 거야?

---

1 How come / How come you're still here **2** Why do you always / Why do you always play sad songs **3** Why are you being so / Why are you being so stubborn **4** Why can't you / Why can't you leave him alone **5** Why can't I / Why can't I have a normal boyfriend **6** Why should I / Why should I listen to you **7** Why would I / Why would I lie to you **8** What makes you / What makes you say that

Day 15

~가 왜 그래?

153 What happened to ~?
154 What's wrong with ~?
155 What's the harm in ~?
156 What did you do to ~?

153 What happened to ~?

~가 왜 그래?, ~가 어떻게 된 거야?, ~에 무슨 일 있었어?

상대방이 갑자기 눈에 멍이 들어서 나타났거나, 다리에 깁스를 하고 나타났거나, 혹은 다른 어떤 사람이나 물건이 평소와 달리 이상이 있어 보일 때 걱정하며 묻는 패턴이에요. 「happen to ~」는 '~에게 (무슨 일이) 일어나다'란 뜻으로, 무슨 일이 있어 보이는 사람과 사물에 사용할 수 있습니다.

 step1 패턴 활용 연습

What happened to your eye?	너 눈이 왜 그래?
What happened to the car?	차가 왜 이렇게 된 거야?
What happened to you last night?	너 어젯밤에 무슨 일 있었어?
What happened to Anna?	애나에게 무슨 일 있었어?

 step2 실전 회화 훈련

Marcus	_____
	너 머리가 왜 그래?
Haley	What about my hair?
Marcus	Your hair is all messed up. Look at yourself in the mirror.
Haley	Oh my God. I shouldn't have left the window open while driving.

Marcus: What happened to your hair?
Haley: 내 머리가 왜?
Marcus: 머리 완전 엉망이야. 거울 좀 봐봐.
Haley: 오 이런. 운전하면서 창문을 열어두지 말았어야 했는데.

messed up 엉망이 된; 망가진

What's wrong with ~?

~가 뭐가 문제야?, ~가 왜 그래?

어떤 사람이 여느 때와 달리 퉁명스럽거나, 민감하거나, 이상해 보일 때, 어떤 사물이 제대로 작동하지 않거나 문제가 있어 보일 때 '뭐가 문제야?', '왜 그래?'라며 불만을 토로하는 패턴이에요. 또, 다른 사람이 무엇이 잘못됐다고 하는데 나는 그렇게 생각하지 않을 때 '그게 어때서?'란 뜻으로 쓰기도 합니다.

step1 패턴 활용 연습

What's wrong with you?	너 뭐가 문제야?
What's wrong with her?	쟤 뭐가 문제야?
What's wrong with this radio?	이 라디오 왜 이래?
What's wrong with that?	그게 뭐가 어때서?

step2 실전 회화 훈련

Holly   _____
         쟤 왜 저래?
Morton   He had too much to drink.
Holly   What did he drink?
Morton   He drank soju and beer mixed together.

Holly: What's wrong with him?
Morton: 과음해서 그래.
Holly: 뭘 마셨길래?
Morton: 소주하고 맥주하고 섞어 마셨어.

have too much to drink 과음을 하다

155 What's the harm in ~?
~가 뭐가 나빠?

harm은 '피해, 손해'라는 뜻인데요, 「What's the harm in ~?」을 직역하면 '~한다고 무슨 손해를 본다는 거야?'란 뜻으로, 이 말은 곧 '~가 뭐가 나빠?'란 의미가 됩니다. 상대방이 나의 행동을 나무랐을 때 그게 왜 잘못됐다는 건지 따지거나, 남들은 그렇지 않더라도 나는 바람직하다고 생각하는 것에 대해 얘기할 때 자주 사용해요. in 뒤에는 명사나 동명사가 옵니다. 비슷한 패턴으로는 '~한다고 나쁠 건 없잖아'란 의미의 「There's no harm in ~」이 있어요.

step1 패턴 활용 연습

What's the harm in that? 그게 뭐가 나빠?
What's the harm in asking? 물어보는 게 뭐가 나빠?
What's the harm in trying? 시도해보는 게 뭐가 나빠?
What's the harm in flirting? 시시덕대는 게 뭐가 나빠?

step2 실전 회화 훈련

Perry   Stop hitting on Monica.
Jerome   _____
         좀 시시덕거리는(flirt) 게 뭐가 나빠?
Monica   Yeah, _____ I like being hit on.
         그게 뭐가 나빠?

Perry: 모니카에게 추근덕거리지 좀 마라.
Jerome: What's the harm in a little flirting?
Monica: 그러게, what's the harm in that? 난 남자들이 나한테 추근덕대는 거 좋아해.

flirt (남녀가) 시시덕거리다, 추근덕거리다
hit on someone ~에게 추근덕거리다; 작업 걸다

156 What did you do to ~?

너 ~에 무슨 짓을 한 거야?

"너 뭐 했니?"란 뜻의 What did you do? 뒤에 'to+사물/사람'이 오면 '너 ~에 무슨 짓을 한 거야?'란 뜻이 됩니다. 상대방이 이상한 머리나 얼굴을 하고 있거나, 상대방이 누군가를 이상하게 만들어놓았거나 몹쓸 짓을 했을 때, 어떻게 된 영문인지 묻는 패턴이에요.

  step1 패턴 활용 연습

What did you do to your hair? 너 머리에 무슨 짓을 한 거야?
What did you do to your face? 너 얼굴에 무슨 짓을 한 거야?
What did you do to him? 너 그에게 무슨 짓을 한 거야?
What did you do to my daughter? 너 내 딸에게 무슨 짓을 한 거야?

 step2 실전 회화 훈련

Chuck   _____
        너 네 코에 무슨 짓을 한 거니?
Nate   My dad punched me on the nose last night.
Chuck   Oh, no. I didn't know your dad was so violent.
Nate   What do you expect? He used to be a boxer.

Chuck: What did you do to your nose?
Nate: 어젯밤에 우리 아빠가 내 코에 펀치를 날려서 그래.
Chuck: 오, 이런. 너희 아빠가 그렇게 과격한 줄 몰랐다.
Nate: 그게 뭐 놀랄 일이겠니? 아빤 예전에 복싱 선수였거든.

What do you expect? 그게 뭐 놀랄 일이겠니?, 당연한 것 아니냐?

빈칸에 들어갈 패턴을 넣고, 그 패턴을 이용해 완전한 문장을 만들어보세요.

1 _____ your eye?
너 눈이 왜 그래?

_____?
너 어젯밤에 무슨 일 있었어?

2 _____ you?
너 뭐가 문제야?

_____?
이 라디오 왜 이래?

3 _____ that?
그게 뭐가 나빠?

_____?
물어보는 게 뭐가 나빠?

4 _____ your hair?
너 머리에 무슨 짓을 한 거야?

_____?
너 그에게 무슨 짓을 한 거야?

---

1 What happened to / What happened to you last night **2** What's wrong with / What's wrong with this radio **3** What's the harm in / What's the harm in asking **4** What did you do to / What did you do to him

Day 33

~가 너무 좋아/싫어

157 I love it when ~
158 I hate it when ~
159 I'm looking forward to ~
160 I'm sick of ~
161 I've had it (with ~)

157 I love it when ~

난 (누가) ~할 때가 너무 좋아

"난 남자가 한손으로 후진할 때의 모습이 너무 좋아.", "난 네가 실수할 때가 너무 좋아."처럼 '난 (누가) ~할 때가 너무 좋아'라고 할 때 「I love it when 주어 + 동사」 패턴을 씁니다. 「I like it when ~」이라고도 할 수 있어요.

 step1 패턴 활용 연습

I love it when you do that.　　난 네가 그럴 때 너무 좋아.

I love it when you talk dirty.　　난 네가 야한 말을 할 때가 너무 좋아.

I love it when guys blush.　　난 남자들이 쑥스러워 할 때가 너무 좋아.

I love it when girls wear dresses.　　난 여자들이 원피스 입었을 때가 너무 좋아.

 step2 실전 회화 훈련

Veronica _____
　　　　　난 네가 자정 넘어서 전화할 때 너무 좋아.

Walter　　Really? I thought you would be upset.

Veronica　No, why would I be upset? I love talking to you before I go to bed.

Walter　　So do I.

Veronica: I love it when you call me after midnight.
Walter: 정말? 난 네가 화낼 줄 알았어.
Veronica: 아니야, 내가 왜 화가 나겠니? 난 잠들기 전에 너랑 통화하는 게 너무 좋아.
Walter: 나도야.

talk dirty 음란한 말을 하다
blush (부끄러워서) 얼굴이 빨개지다

158 I hate it when ~

난 (누가) ~할 때가 너무 싫어

"난 사람들이 길에서 침 뱉을 때 너무 싫어.", "난 네가 욕할 때 너무 싫어."처럼 '난 (누가) ~할 때가 너무 싫어'라고 할 때, '몹시 싫어하다'란 뜻의 hate를 사용해서 「I hate it when 주어+동사」라고 합니다.

step1 패턴 활용 연습

I hate it when you say that.
난 네가 그 말 할 때 너무 싫어.

I hate it when he doesn't text back.
난 그가 문자 답장하지 않을 때 너무 싫어.

I hate it when people cut in line.
난 사람들이 새치기할 때 너무 싫어.

I hate it when things don't go my way.
난 일이 뜻대로 되지 않을 때 너무 싫어.

step2 실전 회화 훈련

Violet   I like your big belly.

Todd   _____
       난 네가 그 말 할 때 너무 싫어.

Violet   Why? Your big belly is so cute.

Todd   I hate my big belly.

Violet: 난 네 뚱뚱한 배가 좋아.
Todd: I hate it when you say that.
Violet: 왜? 너의 뚱뚱한 배는 너무 귀여워.
Todd: 난 내 뚱뚱한 배가 싫어.

cut in line 새치기하다

159 I'm looking forward to ~

~이 너무 기대돼

look forward to는 '매우 기대하다, 학수고대하다'라는 뜻의 구동사예요. 그래서 「I'm looking forward to ~」 패턴은 '나 ~가 엄청 기대돼'란 뜻이 된답니다. 주의할 점은 여기서 to가 전치사이기 때문에 뒤에 동사원형이 오는 것이 아니라 명사나 동명사가 온다는 거예요. 그냥 현재형인 「I look forward to ~」도 많이 사용해요.

 step1 패턴 활용 연습

I'm looking forward to Kick-Ass 2. '킥애스 2' 너무 기대돼.

I'm looking forward to this Christmas. 이번 크리스마스 너무 기대돼.

I'm looking forward to seeing you again. 너를 다시 보는 거 너무 기대돼.

I'm looking forward to meeting you guys. 너희들 만나는 거 너무 기대돼.

 **step2 실전 회화 훈련**

Ursula　_____
　　　　　함께 일하는 게 너무 기대됩니다.

Victoria　I'm glad that you have finally decided to work with us.

Ursula　Where else would I go? This is the company I have always wanted to work for.

Ursula: I'm looking forward to working with you.
Victoria: 당신이 드디어 우리와 일하기로 결정하셨다니 정말 기쁘네요.
Ursula: 제가 달리 어디를 가겠습니까? 전 늘 이 회사에서 일하기를 원했답니다.

160 I'm sick of ~

~에 질렸어, ~가 지긋지긋해

"그녀의 바가지에 질렸어.", "반지하 생활 지긋지긋해."처럼 반복되는 무엇에 질렸다고 말할 때 쓰는 패턴이에요. of 뒤에는 명사나 동명사가 옵니다. 비슷한 의미의 패턴으로는 「I'm tired of ~」와 「I'm sick and tired of ~」가 있어요.

 step1 패턴 활용 연습

I'm sick of you.   너한테 질렸어.
I'm sick of waiting.   기다리는 거 지긋지긋해.
I'm sick of hearing her complaints.   그녀의 불평 듣는 거에 질렸어.
I'm sick of living like this.   이렇게 사는 거 지긋지긋해.

 step2 실전 회화 훈련

Tasha　＿＿＿＿＿＿＿＿＿＿＿＿＿＿＿＿＿
　　　　기다리는 거 지긋지긋해.

Udele　＿＿＿＿＿＿＿＿＿＿＿＿＿＿＿＿＿
　　　　난 네 불평 듣는 것이 지긋지긋해.

Tasha　＿＿＿＿＿＿＿＿＿＿＿＿＿＿＿＿＿
　　　　난 모든 게 다 지긋지긋해.

Udele　**Okay, that's enough!**

Tasha: I'm sick of waiting.
Udele: I'm sick of hearing your complaints.
Tasha: I'm sick of everything.
Udele: 알았으니 이제 좀 그만하자.

161. I've had it (with ~)

~을 참을 만큼 참았어, ~가 지긋지긋해

have had it은 무언가를 참을 만큼 참았고, 이제 지긋지긋해서 더 이상 견딜 수가 없다는 뜻이에요. '지금까지'란 뜻의 up to here를 넣어서 「I've had it up to here (with ~)」라고도 많이 하는데요. 그러면 '(~을) 지금껏 참을 만큼 참았어'란 뜻이 된답니다.

step1 패턴 활용 연습

I've had it with you.	너한테 참을 만큼 참았어.
I've had it with this job.	이 일 지긋지긋해.
I've had it up to here.	지금껏 참을 만큼 참았어.
I've had it up to here **with** him.	지금껏 그를 참을 만큼 참았어.

step2 실전 회화 훈련

Noah Can I borrow $100? I'll pay you right back.

Rachel _____
    너한테 완전히 질렸다.
    You already owe me $1,000.

Noah If you lend me another $100, I'll pay back the whole amount next week.

Rachel I can't trust you anymore.

Noah: 100달러만 꿔줄래? 바로 갚을게.
Rachel: I've had it with you. 너 나한테 이미 1,000달러 빚졌잖아.
Noah: 100달러만 더 꿔주면, 다음주에 한꺼번에 다 줄게.
Rachel: 난 더 이상 널 못 믿겠어.

 집중 트레이닝

빈칸에 들어갈 패턴을 넣고, 그 패턴을 이용해 완전한 문장을 만들어보세요.

1 _____ guys blush.
난 남자들이 쑥스러워 할 때가 너무 좋아.

_____.
난 네가 그럴 때 너무 좋아.

2 _____ people cut in line.
난 사람들이 새치기할 때 너무 싫어.

_____.
난 네가 그 말 할 때 너무 싫어.

3 _____ seeing you again.
너를 다시 보는 거 너무 기대돼.

_____.
이번 크리스마스 너무 기대돼.

4 _____ living like this.
이렇게 사는 거 지긋지긋해.

_____.
기다리는 거 지긋지긋해.

5 _____ up to here.
지금껏 참을 만큼 참았어.

_____.
너한테 참을 만큼 참았어.

---

1 I love it when / I love it when you do that **2** I hate it when / I hate it when you say that **3** I'm looking forward to / I'm looking forward to this Christmas **4** I'm sick of / I'm sick of waiting **5** I've had it / I've had it with you

Day 24

~을 잘해, ~가 익숙해

- 162 I'm good at ~
- 163 I'm not much of a ~
- 164 I'm used to ~
- 165 I'm not used to ~
- 166 I'm getting used to ~
- 167 I used to ~

162 I'm good at ~

나 ~을 잘해

"나 요리 잘해.", "나 사람들 짝지어주는 거 잘해."처럼 '나 ~을 잘해'라고 할 때 「I'm good at ~」 패턴을 사용해요. 「be good at ~」이 '~을 잘하다'라는 뜻이거든요. good at 뒤에는 명사나 동명사가 옵니다. 반대로 '나 ~을 잘 못해'라고 하려면 「I'm not good at ~」이라고 하면 되겠죠.

step1 패턴 활용 연습

I'm good at this. 나 이거 잘해.
I'm good at math. 나 수학 잘해.
I'm good at dancing. 나 춤 잘 춰.
I'm good at fixing things. 나 물건 고치는 거 잘해.

step2 실전 회화 훈련

Willow _____
        난 뭐 하나 잘하는 게 없어.
Zachary You must be good at something.
Willow Like what? I can't think of one thing that I'm good at.
Zachary I think you are good at whining.

Willow: I'm not good at anything.
Zachary: 분명 너도 뭔가 잘하는 게 있을 거야.
Willow: 예를 들어 어떤 거? 단 한 가지도 생각나는 게 없는데.
Zachary: 내 생각엔 넌 징징대는 걸 잘 하는 것 같아.

163 I'm not much of a ~

나 ~하는 타입은 아니야, 나 별로 ~하지는 않아, 나 ~는 잘 못해

사람들과 얘기하다가 상대방이 나에게 무엇을 좋아하냐고 묻거나, 무엇을 해보라고 권하면 "나 개 좋아하는 타입은 아니야.", "나 춤추는 타입은 아니야." 이렇게 말 할 수 있잖아요. 바로 이에 해당하는 패턴이에요. 「I'm not much of a ~」는 '나는 썩 ~가 아니다', '나는 ~의 좋은 예가 아니다'라는 뜻인데요. 그래서 이 패턴은 '나 ~하는 타입은 아니야', '나는 별로 ~하지 않는다', '나는 ~을 잘 못한다'라는 의미로 사용해요.

step1 패턴 활용 연습

I'm not much of a dog person. 나 개 좋아하는 타입은 아니야.
I'm not much of a morning person. 나 별로 아침형 인간은 아니야.
I'm not much of a talker. 나 말이 많지 않아.
I'm not much of a singer. 나 노래는 잘 못해.

step2 실전 회화 훈련

Winston Have you read *Catcher in the Rye*?
Vance No, I haven't. _____
　　　　　난 책은 별로 안 읽어.
Winston You should read that book. It's really great.

Winston: '호밀밭의 파수꾼' 읽어 봤니?
Vance: 아니, I'm not much of a reader.
Winston: 그 책은 꼭 읽어봐라. 아주 멋진 책이야.

164 I'm used to ~

나 ~에 익숙해

"난 더운 날씨에 익숙해.", "난 혼자 사는 데 익숙해."처럼 무엇을 이미 많이 경험해봐서 익숙하다고 말할 때 「I'm used to ~」 패턴을 사용해요. be used to는 '~에 익숙하다'란 뜻으로, to 뒤에는 명사나 동명사가 옵니다.

step1 패턴 활용 연습

I'm used to it by now.
나 이제 거기에 익숙해.

I'm used to guys hitting on me.
남자들이 나한테 작업 거는 거에 익숙해.

I'm used to spending a lot of time alone.
난 혼자서 시간 보내는 데 익숙해.

I'm used to dealing with children.
난 애들 다루는 거 익숙해.

step2 실전 회화 훈련

Sigmund Why are you eating alone? Do you want to join us?
Tammy   It's okay. _____
              난 원래 혼자 먹는 거에 익숙해.
Sigmund Okay, do as you please.

Sigmund: 왜 혼자 밥을 먹니? 우리랑 같이 먹을래?
Tammy: 괜찮아. I'm used to eating alone.
Sigmund: 그래, 좋을 대로 해라.

165 I'm not used to ~

나 ~가 익숙하지 않아

"나 수동기어 운전에 익숙하지 않아.", "나 이런 분위기에 익숙하지 않아."처럼 무엇을 별로 경험해보지 않아서 익숙하지 않다거나, 잘 못한다고 할 때 「I'm not used to ~」 패턴을 씁니다. 앞서와 마찬가지로 to 뒤에는 명사나 동명사가 옵니다.

step1 패턴 활용 연습

I'm not used to that stuff. — 나 그런 거에 익숙하지 않아.

I'm not used to spicy food. — 나 매운 음식에 익숙하지 않아.

I'm not used to having sleepovers. — 난 손님이 우리 집에서 자고 가는 게 익숙하지 않아.

I'm not used to seeing her this quiet. — 그녀가 이렇게 조용한 거 익숙하지 않아.(처음 봐)

step2 실전 회화 훈련

Sebastian God, this is so hot.
Rory Haha, is this your first time trying topokki?
Sebastian Yes, it is. _____ Get me some water.
  난 매운 음식에 익숙하지가 않아.

Sebastian: 으아, 이거 왜 이렇게 매워.
Rory: 떡볶이 처음 먹어보는 거니?
Sebastian: 응, 처음이야. I'm not used to spicy food. 물 좀 주라.

sleepover 밤새며 같이 놀기, 외박하는 사람

166 I'm getting used to ~

~에 익숙해지고 있어

"미국 생활에 점점 익숙해지고 있어.", "매운 음식에 점점 익숙해지고 있어."처럼 무엇을 자꾸 경험하면서 점점 익숙해져 갈 때는 get used to를 진행형으로 해서 「I'm getting used to ~」라고 해요. "너 거기 익숙해질 거야."라고 말하려면 You'll get used to it.이라고 하면 됩니다.

step1 패턴 활용 연습

I'm getting used to it.   거기에 익숙해지고 있어.
I'm getting used to my new school.   새 학교에 익숙해지고 있어.
I'm getting used to Thai food.   태국 음식에 익숙해지고 있어.
I'm getting used to living here.   여기 생활에 익숙해지고 있어.

step2 실전 회화 훈련

Norman Do you like living in Seoul?
Rosa   I didn't like it at first. But now _____.
        익숙해지고 있어.
Norman I wish I could get used to it, too.
Rosa   Don't worry. You'll get used to it sooner or later.

Norman: 서울 사는 거 좋니?
Rosa: 처음엔 맘에 들지 않았는데, 지금은 I'm getting used to it.
Norman: 나도 익숙해질 수 있었으면 좋겠다.
Rosa: 걱정 마. 너도 조만간 익숙해질 거야.

167 I used to ~

나 ~ 했었어

"나 예전에는 인기 많았어.", "나 고등학교 때 야구 했었어.", "나 클럽 많이 갔었어.", "나 걔랑 사귀었어.", "나 기자 했었어."처럼 지금은 아니지만 과거에는 무엇을 했거나 어땠다고 얘기할 때 「I used to+동사원형」 패턴을 씁니다. used to는 '~하곤 했다'라는 뜻이니까, '~에 익숙하다'란 뜻의 be used to와 헷갈리지 마세요.

step1 패턴 활용 연습

I used to be a model. 나 모델 했었어.
I used to be fat. 나 뚱뚱했었어.
I used to live there. 나 거기 살았었어.
I used to play bass in a band. 나 밴드에서 베이스 연주했었어.

step2 실전 회화 훈련

Toby _____
      나 옛날에 노래 좀 했었어.
Simona Really? Sing something.
Toby   I can't. I lost my voice smoking too much.
Simona That's too bad.

Toby: I used to be a good singer.
Simona: 정말? 노래해봐.
Toby: 못해. 담배를 너무 많이 피워서 목소리가 망가졌어.
Simona: 안타깝구나.

집중 트레이닝

빈칸에 들어갈 패턴을 넣고, 그 패턴을 이용해 완전한 문장을 만들어보세요.

1 _____ fixing things.
나 물건 고치는 거 잘해.

_____.
나 수학 잘해.

2 _____ dog person.
나 개 좋아하는 타입은 아니야.

_____.
나 말이 많지 않아.

3 _____ dealing with children.
나 애들 다루는 거 익숙해.

_____.
나 혼자 먹는 거에 익숙해.

4 _____ seeing her this quiet.
그녀가 이렇게 조용한 거 익숙하지 않아.(처음 봐)

_____.
나 그런 거에 익숙하지 않아.

5 _____ my new school.
새 학교에 익숙해지고 있어.

_____.
여기 생활에 익숙해지고 있어.

6 _____ be fat.
나 뚱뚱했었어.

_____.
나 거기 살았었어.

---

1 I'm good at / I'm good at math   **2** I'm not much of a / I'm not much of a talker   **3** I'm used to / I'm used to eating alone   **4** I'm not used to / I'm not used to that stuff   **5** I'm getting used to / I'm getting used to living here   **6** I used to / I used to live there

Day 25

~가 궁금해, ~있나요?

- 168 I wonder ~
- 169 I was wondering if ~
- 170 No wonder ~
- 171 Is/Are ~ there?
- 172 Is/Are there any ~?
- 173 Is there anything ~?
- 174 Is there any chance ~?

168 I wonder ~

~는 뭘까?, ~가 궁금해

wonder는 동사로 '궁금해하다'라는 뜻인데요. "오늘 도서관에서 본 그녀는 누굴까?", "맨날 노는 녀석이 어떻게 1등을 하지?"처럼 자신이 궁금한 것을 말할 때 「I wonder 의문사+주어+동사」 패턴을 사용합니다. 사람들이 원래 호기심도 많고 궁금한 게 많잖아요. 그래서 아주 많이 쓰인답니다.

step1 패턴 활용 연습

I wonder who she is. 그녀는 누굴까?
I wonder where Kevin is. 케빈은 어디에 있지?
I wonder what she's doing now. 그녀는 지금 뭘 하고 있을까?
I wonder how he passed the test. 그가 어떻게 시험을 통과했지?

step2 실전 회화 훈련

Hans　　Jane told me she wanted to have dinner with me.

Thomas　_____
그녀가 왜 그런 말을 했을까?

Hans　　What do you mean? She said that because she likes me.

Thomas　In your dreams.

Hans: 제인이 나랑 같이 저녁 식사하고 싶다고 그러더라.
Thomas: I wonder why she said that.
Hans: 너 그게 무슨 소리니? 그녀가 날 좋아하니까 그렇게 말했겠지.
Thomas: 그건 네 희망사항이고.

In your dreams. 그건 네 희망사항이지, 꿈 꾸고 있네

169 I was wondering if ~

혹시 ~하지 않을래?, 혹시 ~할 수 있어?

"혹시 같이 영화 보러 가지 않을래?", "혹시 돈 좀 빌려줄 수 있어?"처럼 조심스럽게 상대방의 의향을 물어볼 때 쓰는 패턴이에요. 직역하면 '~할지 궁금했어'이지만, '혹시 ~하지 않을래?', '혹시 ~할 수 있어?'라고 해석하는 게 자연스러워요. 특히 수줍게 데이트 신청을 하거나, 조심스럽게 부탁을 할 때 많이 사용해요.

 step1 패턴 활용 연습

I was wondering if you'd like to go out sometime.
시간 되면 언제 데이트하지 않을래?

I was wondering if you'd like to catch a movie Saturday.
혹시 토요일에 영화 보지 않을래?

I was wondering if I could take a minute of your time.
혹시 잠깐 시간 돼?

I was wondering if I could borrow your car.
혹시 차 좀 빌릴 수 있어?

 step2 실전 회화 훈련

Kendra _____
혹시 이 수학 문제 푸는 거 도와줄 수 있겠니?

Nigel   I really wish I could, but I don't think I can.

Kendra Why not?

Nigel   Because I totally suck at math.

Kendra: I was wondering if you could help me out with this math problem.
Nigel: 나도 그럴 수 있다면 정말 좋겠지만, 안될 것 같아.
Kendra: 왜 안돼?
Nigel: 왜냐하면 나 수학 진짜 못하거든.

> suck at something ~을 형편없이 못하다

251

170 No wonder ~

그러니 ~하지, 그래서 ~하는구나, 어쩐지 ~하더라

wonder는 명사로 '놀라움'이라는 뜻으로 「No wonder ~」를 직역하면 '~하는 게 놀랄 일이 아니다'란 의미예요. 그래서 이 패턴은 "넌 눈이 너무 높아. 그러니 여자친구가 없지.", "어머니 엄청 미인이시네. 그래서 네가 이렇게 예쁘구나."처럼 어떤 일이 충분히 이해가 될 때 '그러니 ~하지'란 의미로 사용해요. 「It's no wonder ~」라고 해도 됩니다.

 step1 패턴 활용 연습

No wonder he hasn't got any friends.	그러니 걔가 친구가 없지.
No wonder you fell for her.	그래서 네가 그녀에게 빠졌구나.
No wonder your wife left you.	그러니 네 아내가 널 떠났지.
No wonder she's upset.	그러니 그녀가 기분이 상했지.

 step2 실전 회화 훈련

Charity   Hey, why won't you let me borrow your notes?
Rolf   I don't let anyone see my notes.
Charity   _____
         그러니 네가 친구가 없는 거야.

Charity: 야, 노트 필기한 것 좀 빌려주면 어디 덧나냐?
Rolf: 난 원래 아무한테도 내 노트를 보여주지 않아.
Charity: No wonder you don't have any friends.

fall for somebody ~에게 (사랑에) 빠지다

171 Is/Are ~ there?

(거기) ~ 있어요?

「Is/Are someone there?」는 '거기 누구 있어요?'란 뜻인데요, "너 거기 있니?"라며 방이나 어떤 장소 안에 사람이 있는지 확인할 때도 쓰고, 빈집이나 어떤 장소에서 소리가 들릴 때 "거기 누구 있어요?"라고 물을 때도 쓸 수 있어요. 전화를 걸어서 정중하게 얘기할 때는 「May I speak to ~?」(~와 통화할 수 있을까요?)라고 하지만, 편한 사이에는 그냥 「Is ~ there?」라고 해서 '~ 있어요?', '~와 통화할 수 있어요?'란 뜻으로도 많이 쓴답니다. 그리고 통화 중 상대편에서 아무 응답이 없을 때, 전화가 끊어지지 않았는지 확인할 때도 쓸 수 있어요.

step1 패턴 활용 연습

Is David **there**? 데이비드 있어요?
Is anyone **there**? 거기 누구 있어요?
Are you **there**? 너 거기 있니?
Are you still **there**? 듣고 있니?(통화중에)

step2 실전 회화 훈련

Denise _____
　　　　　듣고 있니?

Kenny Oh, I'm sorry. I must have dozed off for a second.

Denise What? How can you fall asleep while talking on the phone?

Kenny I guess I was too tired. I didn't get any sleep last night.

Denise: Are you still there?
Kenny: 오, 미안. 내가 잠깐 졸았나 봐.
Denise: 뭐야? 너 어떻게 전화하다가 잠이 들 수가 있니?
Kenny: 너무 피곤했나 봐. 어젯밤에 한숨도 못 잤거든.

doze off (특히 낮에) 잠이 들다; 졸다

Is/Are there any ~?

~이 있나요?

"밥 남은 거 있어?", "질문 있나요?"처럼, 물건이든 형태가 없는 것이든, 무언가가 있는지 물어볼 때 쓰는 패턴이에요. 뒤에 단수명사가 올 때는 「Is there any ~?」를 쓰고, 복수명사가 올 때는 「Are there any ~?」를 쓰면 돼요. 여기서 any는 '좀, 혹시' 정도의 의미예요.

Is there any problem? 무슨 문제라도 있나요?
Is there any milk left? 우유 남은 거 좀 있어?
Are there any questions? 혹시 질문 있나요?
Are there any other movies like Inception? '인셉션' 같은 영화 더 없니?

Charles	_____
	혹시 질문 있니?
Trevor	I have a question.
Charles	Shoot!
Trevor	When do we go home?

Charles: Are there any questions?
Trevor: 저 질문 있어요.
Charles: 말해봐.
Trevor: 우리 집에 언제 가요?

173 Is there anything ~?

뭔가 ~할(한) 거 있어?

"뭐 내가 도울 거 있어?", "뭐 필요한 거 있어?"처럼 '뭔가 ~할 거 있어?'라고 물어볼 때는 「Is there anything 주어+동사?」 패턴을 사용해요. 여기에 else가 더해져 「Is there anything else ~?」가 되면 '더 ~할 거 있어?'란 의미가 됩니다.

step1 패턴 활용 연습

Is there anything I can do to help? 내가 뭐 도울 거 있어?
Is there anything I should know? 내가 뭐 알아야 할 게 있어?
Is there anything you want to tell me? 내게 뭔가 하고 싶은 말 있어?
Is there anything else you need? 더 필요한 거 있어?

step2 실전 회화 훈련

Serena _____
뭔가 하고 싶은 말 있니?

Chandler No. Why? Do I look like I have something to say?

Serena Yes, you do.

Chandler Actually, I just wanted to say you have something on your face.

Serena: Is there anything you want to say?
Chandler: 아니. 왜? 내가 무슨 말 하고 싶어하는 것처럼 보이니?
Serena: 응, 그래 보여.
Chandler: 실은, 너 얼굴에 뭐 묻었다고 말하고 싶었어.

174 Is there any chance ~?

~할 가능성이 있나요?, ~할 수 있을까요?

"주말에 비 올 가능성이 있나요?", "제가 따님과 결혼할 수 있을까요?"처럼 어떤 일의 가능성을 물어볼 때는 '기회, 가능성'을 뜻하는 chance를 써서 「Is there any chance ~?」라고 합니다. chance 뒤에는 '주어+동사'가 오거나 'of+명사/동명사'가 옵니다.

step1 패턴 활용 연습

Is there any chance he will come back?	그가 돌아올 가능성이 있니?
Is there any chance you could help me out?	당신이 저를 도와줄 수 있을까요?
Is there any chance of snow tomorrow?	내일 눈이 올 가능성이 있나요?
Is there any chance of me becoming a singer?	제가 가수가 될 가능성이 있나요?

step2 실전 회화 훈련

Irene _____
오늘 밤에 비 올 가능성이 있니?

Jack   The weather forecast says there's a 50% chance of rain tonight.

Irene 50%? Does that mean it's going to rain or not?

Jack   Who knows?

Irene: Is there any chance of rain tonight?
Jack: 일기예보에서는 오늘 밤에 비 올 가능성 50퍼센트라고 하더라.
Irene: 50퍼센트? 그게 비가 온다는 얘기니 안 온다는 얘기니?
Jack: 그걸 누가 알겠니?

 집중 트레이닝

빈칸에 들어갈 패턴을 넣고, 그 패턴을 이용해 완전한 문장을 만들어보세요.

1 _____ where Kevin is.
케빈은 어디에 있지?

_____.
그녀는 누굴까?

2 _____ you'd like to go out sometime.
시간 되면 언제 데이트하지 않을래?

_____.
혹시 차 좀 빌릴 수 있어?

3 _____ he hasn't got any friends.
그러니 걔가 친구가 없지.

_____.
그러니 그녀가 기분이 상했지.

4 _____ David _____?
데이비드 있어요?

_____?
거기 누구 있어요?

5 _____ problem?
무슨 문제라도 있나요?

_____?
우유 남은 거 좀 있어?

257

6 _____ I can do to help?

내가 뭐 도울 거 있어?

_____?

내가 뭐 알아야 할 게 있어?

7 _____ he will come back?

그가 돌아올 가능성이 있니?

_____?

내일 눈이 올 가능성이 있나요?

---

1 I wonder / I wonder who she is   **2** I was wondering if / I was wondering if I could borrow your car   **3** No wonder / No wonder she's upset   **4** Is, there / Is anyone there   **5** Is there any / Is there any milk left   **6** Is there anything / Is there anything I should know   **7** Is there any chance / Is there any chance of snow tomorrow

Day 26

~인 것 같아

- 175 You look ~
- 176 It looks like ~
- 177 It smells like ~
- 178 Sounds like ~
- 179 It seems ~

175 You look ~

너 ~게 보여

"너 힘들어 보인다.", "너 요즘 좋아 보인다.", "너 아파 보여.", "너 오늘 아주 멋진데."처럼 상대방의 모습을 보고 '~게 보여'라고 말할 때 「You look + 형용사」 패턴을 사용합니다. 비슷한 형태의 패턴으로 「You look like ~」는 '너 ~처럼 보여' 란 뜻이에요.

step1 패턴 활용 연습

You look different. Did you get a haircut?　　　너 달라 보인다. 머리 잘랐니?

How are you? **You look** good.　　　잘 있었니? 너 좋아 보인다.

You look gorgeous in that dress.　　　너 그 드레스 입으니까 정말 예뻐.

You look amazing in that suit.　　　너 그 양복 입으니까 정말 멋져.

step2 실전 회화 훈련

Danny　Are you okay? _____
　　　　　　　　　너 엄청 피곤해 보여.

Oscar　I didn't get any sleep last night.

Danny　Why?

Oscar　I can't tell you.

Danny: 너 괜찮니? You look really tired.
Oscar: 어젯밤에 한숨도 못 잤어.
Danny: 왜?
Oscar: 그건 말해줄 수가 없다.

gorgeous 멋진, 아름다운

176 It looks like ~

~처럼 보여, ~인 것 같아

「looks like ~」를 직역하면 '~처럼 보이다'라는 뜻인데, 이 말은 곧 '~인 것 같다'라는 의미가 됩니다. 무언가를 눈으로 보고 자신의 생각이나 추측을 얘기할 때 쓰는 패턴이에요. 회화체에서는 It을 빼고 그냥 「Looks like ~」라고도 많이 해요. like 뒤에는 명사 또는 문장도 올 수 있습니다.

step1 패턴 활용 연습

It looks like a waste of time.   시간낭비인 것 같아.
It looks like a lot of work.   일이 엄청 많을 것 같아.
It looks like it's been cooked too much.   그거 너무 익힌 것 같아.
It looks like rain.   비가 올 것 같아.

step2 실전 회화 훈련

Mom _____
너 어제 밤샌 것 같다.

Oscar Yes, I've been studying all night.

Mom Who are you kidding, son? I know you've been playing computer games all night.

Oscar Wow, how did you know? Did you put a surveillance camera in my room or something?

Mom: It looks like you've been up all night.
Oscar: 네, 밤새도록 공부했어요.
Mom: 누굴 속이려고 그러니, 아들아? 너 밤새도록 PC 게임 한 거 다 안다.
Oscar: 우와, 어떻게 알았어요? 제 방에 CCTV 같은 거 설치하셨어요?

Who are you kidding? 어디서 거짓말을 하고 그래?, 내가 누군 줄 알고 날 속이려고 해?
surveillance camera 감시 카메라

177 It smells like ~

~ 냄새 같아, ~인 것 같아

"불고기 냄새 같아.", "뭔가 타는 것 같아."처럼 '~ 냄새 같아'라고 할 때도 쓰고, 무슨 냄새를 맡고 '~인 것 같아'라고 말할 때도 쓰는 패턴이에요. 역시 It을 빼고 그냥 「Smells like ~」라고도 쓰고, like 뒤에는 명사 또는 문장이 올 수 있습니다.

step1 패턴 활용 연습

It smells like a sewer. — 하수구 냄새 같아.
It smells like fish. — 생선 냄새 같아.
It smells like something is burning. — 뭔가 타는 것 같아.
It smells like a gas leak. — 가스가 새는 것 같아.

step2 실전 회화 훈련

Norman Did you smoke in here?
Rosa   No, why?
Norman _____
        담배 냄새가 나는 것 같아.
Rosa   Gosh, you are so sensitive. Okay, I admit it. I smoked one cigarette like 10 hours ago.

Norman: 너 이 안에서 담배 피웠니?
Rosa: 아니, 왜?
Norman: It smells like smoke.
Rosa: 와, 너 정말 예민하구나. 그래, 인정할게. 내가 한 10시간 전에 딱 한 대 피웠다.

178 Sounds like ~

~처럼 들리네, (들어보니) ~인 것 같네

직역하면 '~ 소리 같다'인데, 이것은 곧 '~처럼 들린다'라는 말이 되겠죠. 상대방의 말을 듣고 나서 '~처럼 들리네', '~인 것 같네'라고 자신의 생각을 말할 때 쓰는 패턴이에요. 「It sounds like ~」 또는 「That sounds like ~」라고도 하는데, 어느 걸 쓸지 애매하면 그냥 「Sounds like ~」라고 하면 돼요.

step1 패턴 활용 연습

Sounds like fun.	재미있을 것 같은데.
Sounds like a great idea.	멋진 생각 같아.
Sounds like an excuse to me.	나한테는 변명처럼 들리네.
Sounds like you're really busy.	너 엄청 바쁜 것처럼 들리네.

step2 실전 회화 훈련

Sigmund Do you want to go on a fishing trip with me?
Tammy Yeah! I'd love to. When are we going?
Sigmund Tonight.
Tammy _____

좋았어~(좋은 계획 같다)

Sigmund: 나랑 낚시여행 갈래?
Tammy: 우와~ 완전 좋아. 언제 갈 거니?
Sigmund: 오늘밤에.
Tammy: Sounds like a plan.

Sounds like a plan (그거) 좋은 생각이다, 좋았어

179 It seems ~
~인 것 같아

seem은 '~인 것 같다, ~처럼 보이다'라는 뜻의 동사예요. 그래서 무언가에 대한 자신의 추측을 얘기할 때 「It seems 주어+동사」라고 하면 '~인 것 같아'라는 뜻이 된답니다. 그리고 '너 ~인 것 같아'란 뜻의 「You seem ~」도 많이 사용해요.

step1 패턴 활용 연습

It seems she doesn't know anything.   그녀는 아무것도 모르는 것 같아.
It seems they broke up.   걔들 헤어진 것 같아.
It seems you and I have a lot in common.   너와 난 공통점이 많은 것 같네.
It seems you like this guy.   너 그 남자 좋아하는 것 같네.

step2 실전 회화 훈련

Toby   _____
너 사랑에 빠진 것 같아.
Simona   With whom?
Toby   With me.
Simona   You wish.

Toby: It seems you're in love.
Simona: 누구랑?
Toby: 나랑.
Simona: 퍽이나. / 네 희망사항이겠지.

You wish. (상대방이 현실 가능성이 없는 이야기를 할 때) 넌 그러길 바라겠지, 꿈 깨라

 집중 트레이닝

빈칸에 들어갈 패턴을 넣고, 그 패턴을 이용해 완전한 문장을 만들어보세요.

1 _____ gorgeous in that dress.
너 그 드레스 입으니까 정말 예뻐.

How are you? _____.
잘 있었니? 너 좋아 보인다.

2 _____ it's been cooked too much.
그거 너무 익힌 것 같아.

_____.
시간낭비인 것 같아.

3 _____ a sewer.
하수구 냄새 같아.

_____.
뭔가 타는 것 같아.

4 _____ a great idea.
멋진 생각 같아

_____.
나한테는 변명처럼 들리네.

5 _____ you like this guy.
너 그 남자 좋아하는 것 같네.

_____.
그녀는 아무것도 모르는 것 같아.

---

1 You look / You look good **2** It looks like / It looks like a waste of time **3** It smells like / It smells like something is burning **4** Sounds like / Sounds like an excuse to me **5** It seems / It seems she doesn't know anything

27 Day

누가 ~ 해?

180 Who else ~?
181 Who says ~?
182 Who would ~?
183 Who's gonna ~?

180 Who else ~?

또 누가 ~해?

"또 누가 파티에 왔었어?", "또 누가 같이 가?"처럼 또 다른 사람 누가 더 있는지 물어볼 때 「Who else+동사?」를 사용해요. 그냥 Who else?라고 하면 "또 누구?"라는 뜻이 됩니다.

step1 패턴 활용 연습

Who else is coming?   또 누가 와?
Who else was there?   또 누가 거기 있었어?
Who else knows about this?   또 누가 이걸 알아?
Who else is on the list?   또 누가 리스트에 있어?

step2 실전 회화 훈련

Tyler   Who do you like among movie stars?
Amber   I like Brad Pitt.
Tyler   _____
          또 누구 좋아하니?
Amber   No one. Brad Pitt is the only movie star I like.

Tyler: 영화배우들 중에 누구 좋아하니?
Amber: 난 브래드 피트 좋아해.
Tyler: Who else do you like?
Amber: 없어. 내가 좋아하는 영화배우는 브래드 피트가 유일해.

181 Who says ~?
~라고 누가 그래?

"라면이 몸에 좋다고 누가 그래?", "우리집이 망했다고 누가 그래?"처럼 누가 말도 안 되는 소리를 할 때 '그런 터무니없는 얘기 누가 했어?'라는 뜻으로 쓰는 패턴이에요. Who says 뒤에는 '주어+동사'가 옵니다.

Who says I'm a womanizer?	내가 호색한이라고 누가 그래?
Who says she died?	그녀가 죽었다고 누가 그래?
Who says it's easy?	그게 쉽다고 누가 그래?
Who says you can't go to college?	네가 대학에 못 간다고 누가 그래?

Adam _____
      내가 마마보이라고 누가 그래?

Bess   Aren't you? You call your mom more than 5 times a day.

Adam   Doesn't everybody do that?

Bess   No, you are the only one who does that.

Adam: Who says I'm a mama's boy?
Bess: 아니니? 넌 너희 엄마한테 하루에 5번도 넘게 전화하잖아.
Adam: 다들 그러지 않아?
Bess: 아니, 그렇게 하는 사람은 너밖에 없어.

womanizer 많은 여자와 자는 것을 즐기는 남자 (영국에서는 womaniser라고 씀)
mama's boy 마마보이

182 Who would ~?

누가 ~하겠어?/~하니?

"누가 이런 헌 옷을 사겠어?", "누가 그 거짓말쟁이의 말을 믿겠어?"처럼 '누가 ~하겠어?'란 뜻으로 말하는 패턴이에요. '그런 건 아무도 안 해'라는 뜻이 숨어 있지요. Who would 뒤에 현재형 동사가 오면 '누가 ~하겠어?'라는 뜻이지만, 현재완료형이 오면 '누가 ~했겠어?'라는 의미가 됩니다.

step1 패턴 활용 연습

Who would believe it?   누가 그걸 믿겠어?
Who would do something like this?   누가 이런 일을 하겠어?
Who would want that?   누가 그걸 원하겠어?
Who would take such a risk?   누가 그런 모험을 하겠어?

step2 실전 회화 훈련

Bonnie   Did you really call your teacher a moron?
Warren   Yes, I did.
Bonnie   _____
           누가 그런 짓을 하니?
Warren   I called him a moron because he's a moron. What's wrong with that?
Bonnie   You need some help.

Bonnie: 너 정말 너희 선생님께 '바보'라고 그랬니?
Warren: 그래, 그랬다.
Bonnie: Who would do such a thing?
Warren: 바보니까 바보라고 불렀지. 그게 뭐 잘못됐냐?
Bonnie: 넌 도움이 필요한 애다.

take a risk 위험을 무릅쓰다, 모험을 하다
moron 바보, 멍청이

Who's gonna ~?

누가 ~할 거야?

「Who's gonna ~?」는 「Who is going to ~?」의 준말이에요. 「be going to ~」가 '~을 할 거다'라는 뜻이니, 「Who's gonna ~?」는 '누가 ~할 거야?'란 의미가 된답니다. gonna 뒤에는 동사원형이 옵니다.

step1 패턴 활용 연습

Who's gonna do it? 누가 할 거야?

Who's gonna pick it up? 누가 돈 낼 거야?(누가 계산서 집을 거야?)

Who's gonna take care of the kids? 누가 애들을 돌볼 거야?

Who's gonna tell him the truth? 누가 그에게 사실을 말할 거야?

step2 실전 회화 훈련

Vaughan _____
  테드는 누가 데리러 갈(pick up) 거니?

Beverly I will.

Vaughan Do you know where he lives?

Beverly Don't worry. I have a GPS in my car.

Vaughan: Who's gonna pick up Ted?
Beverly: 내가.
Vaughan: 너 걔 어디 사는지 알아?
Beverly: 걱정 마. 내 차에 내비게이터 있으니까.

> pick up the bill (~에 대한 돈을) 지불하다
> GPS (=global positioning system) 내비게이션

 집중 트레이닝

빈칸에 들어갈 패턴을 넣고, 그 패턴을 이용해 완전한 문장을 만들어보세요.

1 _____ is coming?
   또 누가 와?

   _____?
   또 누가 이걸 알아?

2 _____ she died?
   그녀가 죽었다고 누가 그래?

   _____?
   그게 쉽다고 누가 그래?

3 _____ do something like this?
   누가 이런 일을 하겠어?

   _____?
   누가 그걸 믿겠어?

4 _____ take care of the kids?
   누가 애들을 돌볼 거야?

   _____?
   누가 그에게 사실을 말할 거야?

---

1 Who else / Who else knows about this **2** Who says / Who says it's easy **3** Who would / Who would believe it **4** Who's gonna / Who's gonna tell him the truth

Day 28

그건 ~야

- 184 That's because ~
- 185 That's why ~
- 186 That's how ~
- 187 That's what ~
- 188 Is that what ~?
- 189 That's not what ~
- 190 That's when ~

That's because ~

그건 ~해서 그래

"산타할아버지, 왜 제 선물은 없죠?" "그건 너희 부모님이 가난해서 그래.", "난 왜 매사에 되는 일이 없을까?" "그건 네가 최선을 다하지 않아서 그래."처럼 상대방이 궁금해하는 것에 대해 '그건 ~해서 그래'라고 이유를 알려줄 때 「That's because 주어+동사」 패턴을 사용합니다.

That's because it's not true.
That's because she likes you.
That's because your family is poor.
That's because I'm so lazy.

그건 그게 사실이 아니라서 그래.
그건 그녀가 널 좋아해서 그래.
그건 너희 집이 가난해서 그래.
그건 내가 너무 게을러서 그래.

Travis	How come I never get better at golf?
Bonnie	_____
	그건 네가 연습을 열심히 안 해서 그래.
Travis	Hey, I practice once every week.
Bonnie	That's not enough. You have to practice every single day.

Travis: 난 도대체 왜 골프 실력이 늘지 않을까?
Bonnie: That's because you don't practice hard enough.
Travis: 야, 나 매주 한번씩 꼭 연습한단 말이야.
Bonnie: 그 정도로는 안 돼. 하루도 빠짐없이 매일 연습해야 돼.

185 That's why ~

그래서 ~한 거야

"그래서 내가 널 좋아하잖아.", "그래서 네가 애인이 없는 거야.", "그래서 너한테 말하지 않은 거야."처럼, 대화 중에 앞에서 어떤 원인이나 이유가 되는 내용이 언급되었을 때, '그래서 ~하는 거야'라고 말하는 패턴이 「That's why 주어+동사」예요. That's why 뒤에는 현재형과 과거형 모두 올 수 있어요.

step1 패턴 활용 연습

That's why I like you. 그래서 내가 널 좋아하는 거야.
That's why we're here. 그래서 우리가 여기 온 거야.
That's why you can't get married. 그래서 네가 결혼을 못하는 거야.
That's why I was late. 그래서 내가 늦은 거야.

step2 실전 회화 훈련

Courtney I got an admission from Yale.
Truman Congratulations! _____
            그래서 네가 그렇게 행복해 보인 거구나.
Courtney Haha, can you tell?
Truman It's written all over your face.

Courtney: 나 예일대학교에서 입학허가 받았다.
Truman: 축하해! That's why you look so happy.
Courtney: 하하, 그래 보이니?
Truman: 완전 네 얼굴에 다 드러나 있다.

It's written all over your face. 네 얼굴에 다 써 있다. 네 얼굴에 다 드러나 있다

That's how ~

그렇게 ~을 했어

"난 그렇게 영어를 공부했어.", "그렇게 여자친구를 꼬셨어.", "그렇게 스마트폰이 탄생했어."처럼 '그렇게 ~을 했어'라고 방법이나 사연을 알려줄 때 쓰는 패턴이에요. That's how 뒤에 과거형 문장이 오면 '그렇게 ~을 했어'라는 뜻이 되고, 현재형 문장이 오면 '그렇게 ~하는 거야'라는 뜻이 됩니다.

 step1 패턴 활용 연습

That's how I ended up here. 그렇게 내가 여기까지 오게 됐어.
That's how I met your mother. 그렇게 나는 네 엄마를 만났어.
That's how this song was born. 그렇게 이 노래가 태어났어.
That's how he makes his living. 그걸로 그는 먹고 살고 있어.

 step2 실전 회화 훈련

Stanley   How did you get to be so rich?
Cameron   I worked harder than anyone else.
              그렇게 해서 난 부자가 된 거야.
Taylor   He's lying. He became rich because he inherited a fortune from his father.

Stanley: 넌 어떻게 이렇게 부자가 된 거니?
Cameron: 난 그 누구보다도 열심히 일했단다. That's how I became rich.
Taylor: 얘 거짓말 하는 거야. 얘는 얘네 아빠한테 엄청난 재산을 물려받아서 부자가 된 거야.

inherit 상속받다, 물려받다
fortune 엄청난 재산, 부, 거금; (특히 사람의 삶에 영향을 미치는) 운

187 That's what ~

~이 바로 그거야

"내 말이 바로 그거야.", "내가 찾던 게 바로 그거야."처럼 '~이 바로 그거야'라고 상대방의 말에 맞장구를 치거나 말을 거들 때 쓰는 패턴이에요. That's what 뒤에는 현재형, 과거형, 진행형 등 다양한 시제의 문장이 올 수 있습니다.

step1 패턴 활용 연습

That's what I'm talking about. 내 말이 바로 그거야.
That's what I was looking for. 내가 찾던 게 바로 그거야.
That's what she said. 그녀가 말한 게 바로 그거야.
That's what friends are for. 친구라는 게 바로 그런 거야.(그러라고 친구가 있는 거야.)

step2 실전 회화 훈련

Charity	Is he really quitting?
Rolf	It looks like it.
Charity	What are we going to do without him?
Rolf	_____

내 말이 그 말이야.

Charity: 걔 정말 그만둔대?
Rolf: 그런 것 같은데.
Charity: 걔 없으면 우린 어쩌지?
Rolf: That's what I'm saying.

188 Is that what ~?

그게 ~인 거야?

"그게 네가 고른 거야?", "그게 네가 꿈꾸던 거야?"처럼 상대방에게 그게 맞는지 확인할 때 쓰는 패턴이에요. 그냥 확인하기 위해서 물어보는 경우도 있고, 믿기지 않아서 묻는 경우도 있습니다.

step1 패턴 활용 연습

Is that what you really want? 그게 네가 정말로 원하는 거야?
Is that what you said yesterday? 그게 네가 어제 얘기한 거야?
Is that what you're looking for? 그게 네가 찾는 거야?
Is that what she gave you? 그게 그녀가 너에게 준 거야?

step2 실전 회화 훈련

Adam	Look what I got for you.
Audrey	Oh my God! _____
	그게 내가 생각하는 그거야?
Adam	Why don't you open it?
Audrey	Honey, this is beautiful.

Adam: 내가 당신 줄려고 뭘 가져왔는지 봐봐.
Audrey: 세상에! 설마, Is that what I think it is?
Adam: 뜯어봐.
Audrey: 너무 예쁘다, 여보~

189 That's not what ~
~한 건 그게 아니야

"내 말은 그게 아니야.", "그가 원하는 건 그게 아니야."처럼 '~한 건 그게 아니야'라고 상대방이 잘못 알고 있거나 오해하고 있는 것에 대해 제대로 알려줄 때 「That's not what 주어+동사」 패턴을 사용합니다.

step1 패턴 활용 연습

That's not what I meant.　　　내 말뜻은 그게 아니야.
That's not what I heard.　　　내가 들은 건 그게 아니야.
That's not what he wants.　　그가 원하는 건 그게 아니야.
That's not what she said.　　그녀가 말한 건 그게 아니야.

step2 실전 회화 훈련

Noah	Are you saying you don't want me here?
Mark	_____
	내 뜻은 그게 아니야.
Noah	Then, what are you saying?
Mark	I'm just saying that we have too many people here.

Noah: 네 말은 그러니까 내가 여기 없었으면 좋겠다는 말이니?
Mark: That's not what I meant.
Noah: 그럼, 무슨 말인데?
Mark: 그냥 내 말은 여기에 사람이 너무 많다고.

190 That's when ~

그때 바로 ~한 거야/~했어

"그때 바로 아이디어가 떠오른 거야.", "그때 바로 그녀가 저 문으로 걸어 들어온 거야."처럼, 이야기를 하다가 '그때 바로 ~한 거야'라고 그 순간 중대한 어떤 일이 일어났음을 말할 때 쓰는 패턴이에요. 과거의 일을 얘기하는 거니까 That's when 뒤에는 과거형 문장이 오면 됩니다.

step1 패턴 활용 연습

That's when my life started to change.
그때 바로 내 인생이 바뀌기 시작한 거야.

That's when I realized something was wrong.
그때 뭔가가 잘못됐다는 것을 깨달았어.

That's when she stepped in.
그때 바로 그녀가 들어왔어.

That's when it hit me.
그때 바로 머릿속이 번뜩했어.

step2 실전 회화 훈련

Simon How's it going with you and Lisa?
Royce We broke up.
Simon Oh, no… What happened?
Royce I saw her holding hands with Rich.
       _____

그때 바로 난 그녀를 떠나기로 결심했지.

Simon: 리사하고는 잘 지내고 있니?
Royce: 우리 헤어졌다.
Simon: 오, 이런… 어떻게 된 일이야?
Royce: 그녀가 리치와 손 잡고 있는 걸 봤어. That's when I decided to leave her.

It hit me. 생각이 갑자기 떠올랐다

279

 집중 트레이닝

빈칸에 들어갈 패턴을 넣고, 그 패턴을 이용해 완전한 문장을 만들어보세요.

1 _____ she likes you.
그건 그녀가 널 좋아해서 그래.

_____.
그건 내가 너무 게을러서 그래.

2 _____ you can't get married.
그래서 네가 결혼을 못하는 거야.

_____.
그래서 내가 널 좋아하는 거야.

3 _____ I met your mother.
그렇게 나는 네 엄마를 만났어.

_____.
그렇게 이 노래가 태어났어.

4 _____ I'm talking about.
내 말이 바로 그거야.

_____.
내가 찾던 게 바로 그거야.

5 _____ you really want?
그게 네가 정말로 원하는 거야?

_____?
그게 네가 어제 얘기한 거야?

6 _____ I meant.
내 뜻은 그게 아니야.

_____.
그가 원하는 건 그게 아니야.

7 _____ she stepped in.
그때 바로 그녀가 들어왔어.

_____.
그때 바로 내 인생이 바뀌기 시작한 거야.

---

1 That's because / That's because I'm so lazy **2** That's why / That's why I like you **3** That's how / That's how this song was born **4** That's what / That's what I was looking for **5** Is that what / Is that what you said yesterday **6** That's not what / That's not what he wants **7** That's when / That's when my life started to change

Day 29

가정, 희망

191 What would you do if ~?
192 If I were you, I would ~
193 What if ~?
194 Let's say ~
195 Let's hope ~
196 I wish ~

191 What would you do if ~?

만약 ~라면 넌 뭘(어떻게) 할 거야?

우리가 흔히 많이 하는 질문들 있잖아요. "만약 로또에 당첨된다면 뭘 할 거야?", "만약 투명인간이 된다면 뭘 할 거야?" 이렇게 '만약 ~라면 넌 뭘(어떻게) 할 거야?'라고 물어볼 때 쓰는 패턴이 바로 「What would do if ~?」랍니다. 가정법이기 때문에 if 뒤에는 과거형 문장이 오지만 의미는 과거가 아니에요.

 step1 패턴 활용 연습

What would you do if you won the lottery?   만약 네가 로또에 당첨된다면 뭘 할 거야?

What would you do if you were invisible?   만약 네가 투명인간이 된다면 뭘 할 거야?

What would you do if you were me?   만약 네가 나라면 어떻게 할 거야?

What would you do if I guessed it right?   만약 내가 그걸 맞히면 어떻게 할 거야?

 step2 실전 회화 훈련

Doris   _____
       너 만약 10억이 생긴다면 뭘 할 거니?

Eda   I would buy a big house. What about you?

Doris   I would pay off all my debts.

Eda   That's sad.

Doris: What would you do if you won a billion won?
Eda: 큰 집 한 채를 사겠어. 넌?
Doris: 난 내 빚을 모두 청산할 거야.
Eda: 슬픈 얘기네.

invisible 눈에 보이지 않는
pay something off ~을 다 갚다/청산하다

192 If I were you, I would ~

내가 너라면 난 ~할 거야

"내가 너라면 당장 그만둘 거야.", "내가 너라면 그와 헤어질 거야."처럼 '내가 너라면 난 ~할 거야'라고 할 때 쓰는 패턴이에요. 반대로 '내가 너라면 난 ~안 할 거야'라고 할 때는 「If I were you, I wouldn't ~」라고 하면 됩니다. 앞뒤 순서를 바꿔서 I wouldn't do that if I were you.(내가 너라면 그러지 않을 거야.) 이런 식으로도 많이 써요. 문장에서 If I were you가 먼저 나올 때는 If I were you 다음에 한 박자 쉬었다가 얘기하는 게 자연스럽습니다.

step1 패턴 활용 연습

If I were you, I would dump him. 　　내가 너라면 그를 찰 거야.

If I were you, I would look for another job. 　　내가 너라면 다른 일자리를 알아볼 거야.

If I were you, I wouldn't tell her. 　　내가 너라면 그녀에게 말하지 않을 거야.

If I were you, I wouldn't worry about it. 　　내가 너라면 그거 걱정하지 않을 거야.

step2 실전 회화 훈련

Stacy　What would you do if you were me?

Trevor　_____
　　　　내가 너라면, 난 그를 죽일 것 같다.

Stacy　Don't be so dramatic.

Trevor　I'm not being dramatic. I would literally kill that guy.

Stacy: 네가 나라면 어떻게 할 것 같니?

Trevor: If I were you, I would kill him.

Stacy: 너무 오버하지 마.

Trevor: 오버하는 거 아냐. 나라면 정말 말 그대로 그 녀석을 죽일 것 같아.

dramatic 오버하는; 현실이 아닌 드라마 속 인물처럼 너무 극적으로 행동하는

literally (강조) 말 그대로, 문자 그대로

193 What if ~?

만약 ~라면 어떡해?

What if ~?는 What would happen if ~?(만약 ~라면 어떻게 되지?)의 줄임말이에요. "내일 비 오면 어떡해?", "그가 거절하면 어떡해?"처럼 '만약 ~하면 어떡하지?'라는 의미로 「What if 주어+동사?」를 씁니다. 어떤 일이 일어날까 봐 우려할 때도 쓰고, 만약의 경우 어떻게 처신할지가 궁금해서 물어볼 때도 써요. What if we moved the couch over here?(소파를 이쪽으로 옮기는 건 어때?)라고 무언가를 제안할 때 쓰기도 합니다.

step1 패턴 활용 연습

What if it rains?   만약에 비가 오면 어떡해?
What if she knew?   만약에 그녀가 알고 있으면 어떡해?

What if he doesn't like me?   만약에 걔가 날 싫어하면 어떡해?
What if you're wrong?   만약에 네가 틀렸으면 어떡해?

step2 실전 회화 훈련

Delilah	Go ask him out.
Donna	_____ 만약에 그에게 여자친구가 있으면 어떡해?
Delilah	He doesn't.
Donna	How do you know?
Delilah	I did some background checks on him.

Delilah: 가서 그에게 데이트 신청을 해.
Donna: What if he has a girlfriend?
Delilah: 여자친구 없어.
Donna: 어떻게 알아?
Delilah: 내가 그에 대해서 뒷조사를 좀 해봤거든.

background check 뒷조사

194 Let's say ~

~라고 쳐봐, ~라고 가정해보자

'~라고 말해보자'라는 말은 '~라고 가정해보자'라는 뜻이에요. 흔히 '네가 ~라고 쳐봐. 넌 어떻겠니?/어떡할래?'라는 식으로 많이 사용하죠. 「Let's say 주어+동사」 형태로 쓰이는데요, '~한다고 쳐봐,' '~했다고 쳐봐'처럼 Let's say 뒤에는 현재형과 과거형 모두 올 수 있어요.

 step1 패턴 활용 연습

Let's say you're in charge.   네가 책임자라고 쳐봐.
Let's say you lose.   네가 졌다고 쳐봐.
Let's say you hurt your leg.   네가 다리를 다쳤다고 치자.
Let's say you won a million dollars.   네가 100만 달러에 당첨됐다고 쳐봐.

 step2 실전 회화 훈련

Edith   _____
네가 단 하루 동안 뭐든지 다 할 수 있다고 쳐봐.
What would you do?
Sherlock   I wouldn't do anything in particular.
Edith   Why not?
Sherlock   Because that's just not going to happen.
Edith   You are too cynical.

Edith: Let's say you could do anything for one day. 넌 무엇을 할래?
Sherlock: 난 딱히 아무것도 안할 거야.
Edith: 왜 안해?
Sherlock: 왜냐하면 그럴 일은 절대 없을 테니까.
Edith: 넌 너무 냉소적이야.

cynical 냉소적인

195 Let's hope ~
~하길 바라자

"일이 잘 해결되길 바라자.", "그게 사실이 아니길 바라자."처럼 '~하길/~되길/~이길 바라자'라고 할 때 쓰는 패턴이에요. 중간에 just(그저)를 넣어서 '그저 ~이길 바라자'란 의미로 「Let's just hope ~」라고도 말합니다. 그냥 Let's hope so.라고 하면 "그러길 바라자.", Let's hope not.은 "그러지 않길 바라자."라는 뜻이에요.

step1 패턴 활용 연습

Let's hope that's not true.   그게 사실이 아니길 바라자.
Let's hope this works out well.   이게 잘 해결되길 바라자.
Let's hope he changes his mind.   그가 마음이 바꾸길 바라자.
Let's hope you're right.   네 말이 맞기를 바라자.

step2 실전 회화 훈련

Teresa   Do you think we can make it to the final round?
Gary   I don't know. It was very competitive.
Teresa   Tell me about it.
Gary   _____
좋은 결과가 있기를 바라자.

Teresa: 우리가 결선에 오를 수 있을까?
Gary: 글쎄. 경쟁이 너무 심해서.
Teresa: 그러게 말이다.
Gary: Let's hope for the best.

final round 결선
competitive 경쟁이 심한
Tell me about it. (상대방의 말에 격하게 동조할 때) 그러게 말이야
Lets hope for the best. (좋지 않은 상황에서) 좋은 결과가 있기를 바라자

196 I wish ~
~였으면 좋겠다

"내가 백만장자였으면 좋겠다.", "그가 내 남자친구였으면 좋겠다.", "우리 과장님이 사라졌으면 좋겠다."처럼, 현실은 그렇지 않지만 '~였으면 좋겠다'라고 희망할 때 「I wish 주어+동사의 과거형」을 씁니다. I wish 뒤에는 과거형의 문장이 오지만 가정법이기 때문에 의미는 현재랍니다. I wish 다음에 주어로 I(나)가 올 때는 was와 were 둘 다 쓸 수 있어요.

step1 패턴 활용 연습

I wish I were you.
내가 너였으면 좋겠다.

I wish I had a girlfriend.
여자친구가 있었으면 좋겠다.

I wish you were my teacher.
당신이 내 선생님이었으면 좋겠어요.

I wish he would disappear.
그가 사라졌으면 좋겠다.

step2 실전 회화 훈련

Chris   It's so beautiful here.

Scott   _____
         내 여자친구도 같이 왔으면 좋았을 텐데.

Chris   You have a girlfriend?

Scott   No, I'm just saying, if I had a girlfriend, I wish she could be here.

Chris: 여기 너무 예쁘다.
Scott: I wish my girlfriend was here with us.
Chris: 너 여자친구 있어?
Scott: 아니, 그러니까 내 말은, 여자친구가 있었다면, 그녀가 여기 있었으면 좋겠다는 거지.

 집중 트레이닝

빈칸에 들어갈 패턴을 넣고, 그 패턴을 이용해 완전한 문장을 만들어보세요.

1 _____ you won the lottery?
만약 네가 로또에 당첨된다면 뭘 할 거야?

_____?
만약 네가 나라면 어떻게 할 거야?

2 _____ break up with him.
내가 너라면 그와 헤어질 거야.

_____.
내가 너라면 다른 일자리를 알아볼 거야.

3 _____ it rains?
만약에 비가 오면 어떡해?

_____?
만약에 그에게 여자친구가 있으면 어떡해?

4 _____ you lose.
네가 졌다고 쳐봐.

_____.
네가 다리를 다쳤다고 치자.

5 _____ this works out well.
이게 잘 해결되길 바라자.

_____.
그게 사실이 아니길 바라.

289

6 _____ he would disappear.
그가 사라졌으면 좋겠다.

_____.
여자친구가 있었으면 좋겠다.

1 What would you do if / What would you do if you were me   2 If I were you, I would / If I were you, I would look for another job   3 What if / What if he has a girlfriend   4 Let's say / Let's say you hurt your leg   5 Let's hope / Let's hope that's not true   6 I wish / I wish I had a girlfriend

Day 30

~해야 한다, ~하면 안돼

197 I'm supposed to ~
198 I'm not supposed to ~
199 You're not supposed to ~
200 You were supposed to ~
201 How am I supposed to ~?

197 I'm supposed to ~

나 ~하기로 했어, 나 ~하기로 되어 있어

be supposed to는 '~하기로 되어 있다'라는 뜻으로, 약속 등의 예정된 일을 말할 때 쓰는 표현이에요. 그래서 「I'm supposed to+동사원형」은 '나 ~하기로 되어 있어'란 뜻이 됩니다. "집에 안가?" "여기서 여자친구 만나기로 했어." 이런 식으로 사용하면 되겠죠.

 step1 패턴 활용 연습

I'm supposed to start work here today.	오늘부터 여기서 일하기로 했는데요.
I'm supposed to meet somebody here.	여기서 누굴 좀 만나기로 했어.
I'm supposed to go to the movies tonight.	오늘 저녁에 영화 보러 가기로 했어.
I'm supposed to have the money ready tomorrow.	내일까지 돈을 준비하기로 했어.

step2 실전 회화 훈련

Rodney   What are you doing here?

Echo   _____
         여기서 1시에 레오나르도와 만나기로 했어.

Rodney   You mean, Leonardo Dicaprio? You must be kidding me.

Echo   No, that's my cousin's name. Leonardo Kang.

Rodney: 여기서 뭐 하니?
Echo: I'm supposed to meet with Leonardo here at 1.
Rodney: 레오나르도 디카프리오 말이니? 설마, 말도 안돼.
Echo: 아니, 내 사촌 이름이야. 레오나르도 강.

198 I'm not supposed to ~

나 ~하면 안돼

be supposed to(~하기로 되어 있다)가 부정형 be not supposed to가 되면 '~안 하기로 되어 있다'라는 뜻이 됩니다. 이 말은 곧 '~하면 안돼'라는 의미죠. "이 얘기 아무한테도 하면 안되는데, 너한테만 얘기할게.", "나 보약 먹고 있어서 술 마시면 안돼." 이런 식으로 사용할 수 있어요.

step1 패턴 활용 연습

I'm not supposed to tell you this. — 나 너한테 이 얘기 하면 안되는데.
I'm not supposed to be here. — 나 여기 있으면 안돼.
I'm not supposed to leave the office. — 나 사무실에서 자리 비우면 안돼.
I'm not supposed to drink alcohol. — 나 술 마시면 안돼.

step2 실전 회화 훈련

Owen   Let's go out to eat.
Pierce   _____
         나 저녁 먹으면 안돼.
Owen   Why? Are you on a diet?
Pierce   Since last week.

Owen: 밥 먹으러 나가자.
Pierce: I'm not supposed to have dinner.
Owen: 왜? 너 다이어트 하니?
Pierce: 지난 주부터.

You're not supposed to ~

너 ~하면 안돼

직역하면 '너 ~안하기로 되어 있다'로, 이 말은 곧 '너 ~하면 안돼'라는 뜻이 됩니다. 상대방이 그 사람의 상황이나 상태에서 옳지 않은 행동을 하려고 할 때 충고하는 말로 많이 써요. "넌 아직 어리니까 담배 피우면 안돼.", "넌 위가 안 좋으니까 커피 마시면 안돼."처럼 사용할 수 있답니다.

You're not supposed to watch this.	너 이거 보면 안돼.
You're not supposed to be here.	너 여기 있으면 안돼.
You're not supposed to talk about it.	너 그것에 관해 얘기하면 안돼.
You're not supposed to eat salty foods.	너 짠 음식 먹으면 안돼.

step2 실전 회화 훈련

Estelle   I think our teacher looks like a gorilla.
Noel   _____
          너 그런 말 하면 안돼.
Estelle   But he does look like a gorilla.
Noel   To be honest with you, I can't agree with you more.

Estelle: 우리 선생님 고릴라처럼 생겼어.
Noel: You're not supposed to say that.
Estelle: 하지만 고릴라처럼 생겼는걸.
Noel: 솔직히 말하자면, 나도 완전 동감이야.

I can't agree with you more.
나도 네 의견에 전적으로 동의한다, 완전 동감이야

200 You were supposed to ~

너 ~하기로 했었잖아

be supposed to(~하기로 되어 있다)의 과거형인 「You were supposed to ~」를 직역하면 '너는 ~하기로 되어 있었다'란 뜻이고, 이 말은 곧 '너 ~하기로 했었잖아'란 의미가 됩니다. "너 1시까지 오기로 했었잖아.", "너 내 숙제 도와준다고 했었잖아."처럼 상대방이 무엇을 하기로 약속해 놓고 지키지 않은 경우에 사용하면 되겠죠.

step1 패턴 활용 연습

You were supposed to be here an hour ago.
너 여기 한 시간 전에 오기로 했었잖아.

You were supposed to help me.
너 나 도와주기로 했었잖아.

You were supposed to pick me up at 5.
너 5시에 나 데리러 오기로 했었잖아.

You were supposed to wait for me.
너 나를 기다리기로 했었잖아.

step2 실전 회화 훈련

Ellen   Hey, _____
       너 어젯밤에 나한테 전화하기로 했었잖아.

Neal   I'm sorry but something came up.

Ellen   I don't buy it.

Ellen: 야, you were supposed to call me last night.
Neal: 미안해, 갑자기 일이 생겨서.
Ellen: 네 말 못 믿겠어.

Something came up. (갑자기) 뜻하지 않던 일이 생겼어

201 How am I supposed to ~?
나보고 어떻게 ~하라는 거야?

"나보고 어떻게 이 어려운 수학 문제를 풀라는 거야?", "나보고 어떻게 섬에서 혼자 살아남으라는 거야?"처럼 나로서는 도저히 할 수 없을 것 같은 일을 시킬 때 「How am I supposed to+동사원형?」으로 불만을 나타냅니다.

step1 패턴 활용 연습

How am I supposed to fix this?   나보고 어떻게 이걸 고치라는 거야?

How am I supposed to live without you?   나보고 어떻게 너 없이 살라는 거야?

How am I supposed to do that?   나보고 어떻게 그걸 하라는 거야?

How am I supposed to know?   나보고 어떻게 그걸 알라는 거야?(내가 그걸 어떻게 알아?)

step2 실전 회화 훈련

Miles   _____
        나보고 어떻게 여기서 살라는 거야?

Erika   What's the problem?

Miles   There are roaches all over the floor. Can't you see?

Erika   Oh, don't worry. You'll soon get used to it.

Miles: How am I supposed to live here?
Erika: 뭐가 문젠데?
Miles: 바닥에 온통 바퀴벌레 투성이잖아. 넌 안 보이니?
Erika: 오, 걱정 마. 금방 익숙해질 테니.

roach (=cockroach) 바퀴벌레

 집중 트레이닝

빈칸에 들어갈 패턴을 넣고, 그 패턴을 이용해 완전한 문장을 만들어보세요.

1 _____ go to the movies tonight.
오늘 저녁에 영화 보러 가기로 했어.

_____.
여기서 누굴 좀 만나기로 했어.

2 _____ tell you this.
나 너한테 이 얘기 하면 안되는데.

_____.
나 사무실에서 자리 비우면 안돼.

3 _____ be here.
너 여기 있으면 안돼.

_____.
너 이거 보면 안돼.

4 _____ be here an hour ago.
너 여기 한 시간 전에 오기로 했었잖아.

_____.
너 나 도와주기로 했었잖아.

5 _____ fix this?
나보고 어떻게 이걸 고치라는 거야?

_____?
나보고 어떻게 너 없이 살라는 거야?

---

1 I'm supposed to / I'm supposed to meet somebody here **2** I'm not supposed to / I'm not supposed to leave the office **3** You're not supposed to / You're not supposed to watch this **4** You were supposed to / You were supposed to help me **5** How am I supposed to / How am I supposed to live without you

Day 31

~했어야 하는데

202 I should have p.p.
203 You should have p.p.
204 I shouldn't have p.p.
205 You shouldn't have p.p.

I should have p.p.
~했어야 하는데, ~할 걸 그랬어

should have p.p.는 '~했어야 한다'라는 뜻이에요. "네 얘길 들었어야 하는데.", "고등학교 때 열심히 공부했어야 하는데."처럼 무엇을 했어야 하는데 실제로는 하지 않은 것이 아쉬워 후회할 때 쓰는 패턴이 「I should have p.p.」랍니다. should have를 구어체에서는 더 짧게 should've라고도 해요.

 step1 패턴 활용 연습

I should have listened to my parents.   부모님 말씀을 들었어야 하는데.

I should have brought my camera.   카메라를 가져왔어야 하는데.

I should have asked you first.   너한테 먼저 물어봤어야 하는데.

I should have been more careful.   더 조심했어야 하는데.

 step2 실전 회화 훈련

Kirk   Is your brother home?
Fannie   No, he isn't. He just stepped out.
Kirk   _____
           미리 전화를 했어야 하는데.
Fannie   I think you should have.

Kirk: 너희 오빠 집에 있니?
Fannie: 아니요. 지금 방금 나갔는데요.
Kirk: I should have called him first.
Fannie: 제 생각에도 그러네요.

203 You should have p.p.

너 ~했어야 하는데, 너 ~하지 그랬어

"파티 정말 재미있었어. 너도 왔어야 하는데.", "혼자서 이사를 했어? 나한테 말하지 그랬어."처럼 상대방이 하지 않은 행동을 아쉬워하며 '너 ~했어야 하는데'라고 할 때 「You should have p.p.」 패턴을 씁니다.

step1 패턴 활용 연습

You should have come.	네가 왔어야 하는데.
You should have seen it.	네가 그걸 봤어야 하는데.
You should have married him.	너 그와 결혼했어야 하는데.
You should have told me.	나한테 말하지 그랬어.

step2 실전 회화 훈련

Felicia   I'm sorry but I don't think I can come to the concert.
Luther   What? _____
          진작 얘기했어야지.
          I already bought the ticket for you.
Felicia   I'm really sorry.
Luther   Don't worry. I'll find someone else to go with.

Felicia: 콘서트 같이 못 갈 것 같아. 미안해.
Luther: 뭐야? You should've told me earlier. 벌써 네 티켓도 사놨단 말이야.
Felicia: 정말 미안해.
Luther: 걱정 마라. 다른 사람 찾아보지 뭐.

204 I shouldn't have p.p.

~하는 게 아니었어

should have p.p.의 부정형인 shouldn't have p.p.는 '~하지 말았어야 하는데'라는 뜻이에요. "주식을 팔아버리는 게 아니었어.", "그걸 다 먹는 게 아니었어." 처럼 무엇을 하지 말았어야 하는데 실제로는 해버려서 후회할 때 쓰는 패턴이 「I shouldn't have p.p.」랍니다.

step1 패턴 활용 연습

I shouldn't have eaten that.   그걸 먹는 게 아니었어.
I shouldn't have come here.   여기 오는 게 아니었어.
I shouldn't have told you that.   너한테 그 얘기 하는 게 아니었어.
I shouldn't have brought you here.   너를 여기 데려오는 게 아니었어.

step2 실전 회화 훈련

Ken   How come you didn't answer my call?
Gertrude   Because you call me more than ten times a day.
Ken   That's because I like talking to you.
Gertrude   _____

애초에(in the first place) 너한테 내 전화번호를 주는 게 아니었어.

Ken: 왜 내 전화 안 받았니?
Gertrude: 하루에 열 번도 넘게 전화하니까 그렇지.
Ken: 그거야 내가 너랑 얘기하는 게 좋아서 그런 거지.
Gertrude: I shouldn't have given you my phone number in the first place.

> **in the first place** 애초에, 애당초

205 You shouldn't have p.p.

너 ~하지 말았어야 했어

"네 전 남자친구 지금 완전 떴잖아. 걔를 차지 말았어야 했어.", "으이그, 눈치도 없이, 너 그 말은 하지 말았어야 했어."처럼 상대방이 한 행동이 옳지 않았거나, 하지 않는 게 더 나았다고 말할 때 「You shouldn't have p.p.」 패턴을 씁니다. 그리고 선물을 받았을 때 "이러지 않아도 되는데(뭘 이런 것까지)."라고 말하고 싶다면 You shouldn't have.라고 하면 된답니다.

You shouldn't have left him.
You shouldn't have come back.
You shouldn't have done that.
You shouldn't have said that.

너 그를 떠나지 말았어야 했어.
너 돌아오지 말았어야 했어.
너 그건 하지 말았어야 했어.
너 그 말은 하지 말았어야 했어.

Malcolm I lost all my money gambling.

Lloyd   _____
         너 정말 그건 하지 말았어야 했어.

Malcolm I know I was stupid.

Lloyd   Good thing you know.

Malcolm: 도박하다가 돈 다 잃었어.
Lloyd: You really shouldn't have done that.
Malcolm: 나도 내가 멍청했다는 걸 알아.
Lloyd: 아니 다행이다.

Good thing+주어+동사 ~해서 다행이다
ex) Good thing I wasn't there. 내가 거기 없었기를 다행이다

 집중 트레이닝

빈칸에 들어갈 패턴을 넣고, 그 패턴을 이용해 완전한 문장을 만들어보세요.

1 _____ listened to my parents.
부모님 말씀을 들었어야 하는데.

_____.
너한테 먼저 물어봤어야 하는데.

2 _____ come.
네가 왔어야 하는데.

_____.
네가 그걸 봤어야 하는데.

3 _____ eaten that.
그걸 먹는 게 아니었어.

_____.
너한테 그 얘기 하는 게 아니었어.

4 _____ left him.
너 그를 떠나지 말았어야 했어.

_____.
너 그 말은 하지 말았어야 했어.

1 I should have / I should have asked you first 2 You should have / You should have seen it 3 I shouldn't have / I shouldn't have told you that 4 You shouldn't have / You shouldn't have said that

Day

기타 필수 패턴

206 Is it okay if ~?
207 There's nothing like ~
208 How could you ~?
209 I like your ~
210 Don't be fooled by ~
211 I'm out of ~
212 We're out of ~
213 I have nothing to ~
214 What's the point of ~?
215 Just because ~, doesn't mean (that) ~

206 Is it okay if ~?

~해도 괜찮아?

'~해도 괜찮아?'라고 상대방의 허락을 물을 때는 Is it okay if ~?라고 하는데요. if 다음 I가 와서 Is it okay if I가 되면 Can I ~?로 허락을 묻는 문장과 같은 의미가 되지만, Is it okay if ~?는 뒤에 he, she 등이 와서 제3자가 무엇을 해도 되냐고 물어볼 때도 쓸 수 있기 때문에 더 다양하게 활용할 수 있답니다.

 step1 패턴 활용 연습

Is it okay if I open a window?	창문 열어도 괜찮아?
Is it okay if I hang out here for a while?	나 여기서 좀 놀아도 괜찮아?
Is it okay if he stays here with us?	그가 우리와 같이 있어도 괜찮아?
Is it okay if Jenny sleeps over tonight?	오늘 제니 자고 가도 괜찮아?

step2 실전 회화 훈련

Chloe   Are you guys having fun?
Bella   Yes, mom! _____
                 오늘 제니 자고 가도 괜찮아요?
Chloe   Of course!
Bella   Wow! I love you mom!

Chloe: 너희들 재미있게 잘 놀고 있니?
Bella: 네, 엄마! Is it okay if Jenny sleeps over tonight?
Chloe: 당연하지!
Bella: 우와! 엄마 사랑해요!

207 There's nothing like ~

~만 한 건 없어, ~이 최고야

직역하면 '~와 같은 것은 없다'인데, 이 말은 곧 '~만 한 건 없다', '~이 최고다' 라는 뜻이 됩니다. "내 집만 한 게 없어.", "조강지처만 한 게 없어." 이런 식으로 쓰면 되겠죠. 예전에 호주 관광청의 홍보 영상에 There's nothing like Australia. 라는 광고 문구가 나온 적도 있어요. 뭐, 세상에 아름다운 곳이 호주뿐만은 아니겠지만요.^^

 step1 패턴 활용 연습

There's nothing like home. 집만 한 곳은 없어.(집이 최고야.)
There's nothing like beer after work. 일을 마친 후에 맥주만 한 게 없어.
There's nothing like it in the world. 세상에 그것만 한 게 없어.
There's nothing like travelling to different countries. 다른 나라를 여행하는 것만큼 좋은 건 없어.

 step2 실전 회화 훈련

Gina _____
베스트 프렌드 같은 남편이 있다는 것만큼 좋은 건 없어.

Serena   I wish I could feel the same way.
Gina   You don't get along with your husband?
Serena   We are like oil and water.

Gina: There's nothing like having a husband who is your best friend.
Serena: 나도 그 말에 동조할 수 있었으면 참 좋겠구나.
Gina: 남편이랑 사이가 안 좋니?
Serena: 우린 물과 기름 같은 사이야.

get along with someone ~와 친하게 지내다, 문제없이 잘 지내다
like oil and water 전혀 섞일 수 없는, 사이가 원만하지 않은

208 How could you ~?

너 어떻게 ~할 수 있어?

"너 어떻게 나한테 이럴 수 있어? 지금까지 뒷바라지 다 해줬더니.", "너 어떻게 1년에 한번뿐인 결혼기념일을 깜빡할 수 있어?"처럼 상대방의 행동을 이해할 수 없거나 용납할 수 없을 때, 놀라움과 비난의 표현으로 「How could you+동사원형?」 패턴을 사용합니다.

 step1 패턴 활용 연습

How could you do this to me?
How could you say that?
How could you forget that?
How could you lie to me?

너 어떻게 나한테 이럴 수 있어?
너 어떻게 그런 말을 할 수 있어?
너 어떻게 그걸 잊을 수가 있어?
너 어떻게 나한테 거짓말할 수 있어?

 step2 실전 회화 훈련

Tyler   _____
          너 어떻게 그럴 수 있니?

Amber   What did I do?

Tyler   You went on a blind date.

Amber   Why does that matter to you? You are not my boyfriend.

Tyler   Yeah, but… Anyway, don't ever do that again.

Tyler: How could you do that?
Amber: 내가 뭘 어쨌길래?
Tyler: 소개팅 했잖아.
Amber: 그게 너랑 무슨 상관이야? 넌 내 남자친구도 아닌데.
Tyler: 그래, 하지만… 아무튼, 다시는 그러지 마.

209 I like your ~

네 ~ 예쁘다/멋지다/좋다/마음에 든다

여자분들은 잘 아시겠지만, 친구들이 만나면 "어머, 원피스 정말 예쁘다!", "구두 새로 샀니? 예쁘다." 이렇게 서로 칭찬을 아끼지 않잖아요? 네이티브는 성별에 상관없이 상대방의 호감을 사려고 옷, 외모, 스타일 등에 대해 칭찬하는 경우가 정말 많아요. 특히 처음 만났거나 안지 얼마 안된 사이에는 더더욱 그렇죠. I like your ~는 패턴도 아주 간단하니 주위 사람들에게 많이 사용해 보세요.

step1 패턴 활용 연습

I like your dress.   네 원피스 예쁘다.
I like your shoes.   네 신발 예쁘다.
I like your suit.   네 양복 멋지다.
I like your perfume.   네 향수 마음에 든다.

step2 실전 회화 훈련

Noel   Hi, my name is Noel. What's your name?
Lola   I'm Lola. _____
            너 머리 예쁘다.
Noel   Really? Thanks!
Lola   I think it's very cute.

Noel: 내 이름은 노엘이야. 네 이름은 뭐니?
Lola: 난 롤라야.
Noel: 정말? 고마워!
Lola: 귀여운 것 같아.

Don't be fooled by ~

~에 속지 마

fool은 명사로 '바보'라는 뜻이지만 동사로는 '속이다'란 뜻이에요. 그래서 Don't be fooled.라고 하면 "속지 마(속임을 당하지 마)."란 뜻이 되지요. 그리고 「Don't be fooled by ~」라고 하면 '~에 속지 마'란 뜻이 된답니다. "그녀에 외모에 속지 마. 천사처럼 보이지만 사실은 사악한 여자야." 이런 식으로 쓰면 되겠죠.

 step1 패턴 활용 연습

Don't be fooled by appearances.   겉모습에 속지 마.
Don't be fooled by his kindness.   그의 친절에 속지 마.
Don't be fooled by a photograph.   사진에 속지 마.
Don't be fooled by the name.   이름에 속지 마.

 **step2** 실전 회화 훈련

Manny   She looks really smart and cool.
Ben   _____
          그녀의 외모(looks)에 속지 마.
Manny   Are you saying she's not smart or cool?
Ben   She is neither one of those things.

Manny: 그녀는 정말 똑똑하고 멋져 보인다.
Ben: Don't be fooled by her looks.
Manny: 네 말은 그녀가 똑똑하지도 멋지지도 않다는 얘기니?
Ben: 그녀는 그 둘 중의 그 어느 것도 아니야.

211 I'm out of ~

나 ~가 떨어졌어

「out of+명사」는 가지고 있던 무언가를 모두 사용하고 하나도 남지 않았다는 뜻이에요. 그러니까 「I'm out of ~」 패턴은 내가 가지고 있던 무엇, of 뒤에 나오는 것이 다 떨어졌다는 뜻이 됩니다. 「I'm running out of ~」라고도 할 수 있어요.

 step1 패턴 활용 연습

I'm out of money.   나 돈이 다 떨어졌어.
I'm out of ideas.   나 아이디어가 바닥났어.
I'm out of gas.   나 기름이 다 떨어졌어.
I'm out of medicine.   나 약이 다 떨어졌어.

 step2 실전 회화 훈련

Holly　_____
　　　　나 담배가 다 떨어졌어.

Morton　You still haven't quit smoking? What are you, a barbarian?

Holly　Hey, you smoke too!

Morton　No, I quit yesterday.

Holly: I'm out of cigarettes.
Morton: 너 아직도 담배 안 끊었니? 너 뭐냐, 야만인이냐?
Holly: 야, 너도 담배 피우잖아.
Morton: 아니, 난 어제 끊었어.

212 We're out of ~

우리 ~가 다 떨어졌어

앞에 나온 패턴과 같은 뜻이지만, 이번에는 I(혼자)가 아니라 We(우리)니까, 우리가 집에서 함께 쓰는 식료품이나 생필품 등이 다 떨어졌을 때 「We're out of ~」를 사용합니다. 물론 집에서 쓰는 물건 말고도 함께 공유하는 뭔가가 바닥났을 때 쓸 수 있어요. 혼자 사는 사람이 식료품이 다 떨어졌을 때는 「I'm out of ~」라고 하면 됩니다.

 step1 패턴 활용 연습

We're out of milk.	우리 우유가 다 떨어졌어.
We're out of rice.	우리 쌀이 다 떨어졌어.
We're out of laundry detergent.	우리 세제가 다 떨어졌어.
We're out of diapers.	우리 기저귀가 다 떨어졌어.

 step2 실전 회화 훈련

Perry　_____
　　　　우리 이제 시간이 없어.

Jerome　How much time do we have left?

Perry　30 seconds.

Jerome　Oh my God. We're really out of time.

Perry: We're out of time.
Jerome: 시간이 얼마나 남았는데?
Perry: 30초.
Jerome: 오 이런. 우리 진짜 시간 없구나.

213 I have nothing to ~

나 ~할 게 없어

"나 할 말이 없어.", "나 할 일이 없어."처럼 '나 ~할게 없어'라고 할 때 「I have nothing to+동사원형」 패턴을 씁니다. 회화체에서는 have 대신 have got도 많이 쓰기 때문에 「I've got nothing to ~」라고도 많이 해요. 그냥 I have nothing. 또는 I've got nothing.이라고 하면 "난 가진 게 아무것도 없어."란 뜻이 됩니다.

step1 패턴 활용 연습

I have nothing to say about it.   난 그것에 관해 할 말이 없어.
I have nothing to hide.   난 숨길 게 없어.
I have nothing to wear.   나 입을 게 없어.
I have nothing to do today.   나 오늘 할 일이 없어.

step2 실전 회화 훈련

Tammy   Aren't you going to tell me about last night?
Karen   _____
        나 너한테 할 말 없는데.
Tammy   Why not? Didn't you go on a blind date last night?
Karen   I did. But the guy didn't show up.

Tammy: 어젯밤에 대해서 얘기 안 해줄 거니?
Karen: I have nothing to tell you.
Tammy: 왜 없어? 어젯밤에 너 소개팅 나간 거 아니었어?
Karen: 맞아. 근데 그 남자가 안 나왔어.

214 What's the point of ~?

~가 무슨 의미가 있어?, ~가 무슨 소용이야?, ~하는 이유가 뭐야?

"아무도 관심을 가져주지 않는데, 이게 무슨 의미가 있어?", "다 지난 얘기를 지금 와서 다시 꺼내는 이유가 뭐야?"처럼 어떤 일을 하는 것이나 무언가에 대해 그게 무슨 소용이 있는지, 왜 하는 건지, 무슨 의미가 있는지 이해할 수 없다고 말할 때 쓰는 패턴이에요. of 뒤에는 명사나 동명사가 옵니다.

step1 패턴 활용 연습

What's the point of this?	이게 무슨 소용이 있어?
What's the point of waiting?	기다리는 게 무슨 소용이 있어?
What's the point of living in Gangnam?	강남에 사는 게 무슨 의미가 있어?
What's the point of talking about it?	그 얘기 하는 이유가 뭐야?

step2 실전 회화 훈련

AJ   I'll wait for her until she comes here.

Brian   She said she's not coming. _____
기다리는 게 무슨 소용이 있어?

AJ   I know she will come. She won't disappoint me. Never.

Brian   You are impossible to stop.

AJ: 그녀가 올 때까지 기다릴 거야.
Brian: 그녀가 안 올 거라고 그랬어. What's the point of waiting?
AJ: 그녀는 분명히 올 거야. 그녀는 날 실망시키지 않아. 절대로.
Brian: 넌 정말 못 말리겠구나.

Just because ~, doesn't mean (that) ~

~라고 해서 ~인 건 아니야

"내가 공부를 잘한다고 해서 놀 줄 모르는 건 아니야.", "네가 예쁘다고 해서 멋대로 행동해도 되는 건 아니야."처럼 '~라고 해서 ~인 건 아니야'라고 말할 때 쓰는 패턴이에요. mean 뒤에는 that절이 오는데 that은 생략하는 경우가 많아요. 중간에 it이나 that을 집어넣어 it doesn't mean 또는 that doesn't mean이라고도 합니다.

 step1 패턴 활용 연습

Just because I lied to you, **doesn't mean** I didn't love you.
내가 거짓말했다고 해서 널 사랑하지 않은 건 아니야.

Just because it's raining, **doesn't mean** that we can't have fun.
비가 온다고 해서 우리가 놀 수 없는 건 아니야.

Just because I'm gullible, **doesn't mean** you can lie to me.
내가 잘 속는다고 해서 네가 나한테 거짓말해도 된다는 건 아니야.

Just because you're pretty, **doesn't mean** that all the guys like you.
네가 예쁘다고 해서 모든 남자가 널 좋아하는 건 아니야.

 step2 실전 회화 훈련

Aileen   Do the dishes, Jack.

Jack   _____
단지 누나가 나보다 나이가 많다고 해서 나한테 이래라 저래라(what to do) 할 수 있는 건 아니야.

Aileen   Shut up and just do the dishes.

Aileen: 설거지 해라, 잭.
Jack: Just because you are older than me, doesn't mean you can tell me what to do.
Aileen: 시끄러우니까 설거지나 하셔.

gullibe 잘 속아 넘어가는

빈칸에 들어갈 패턴을 넣고, 그 패턴을 이용해 완전한 문장을 만들어보세요.

1 _____ he stays here with us?
그가 우리와 같이 있어도 괜찮아?

_____?
창문 열어도 괜찮아?

2 _____ home.
집만 한 곳이 없어.(집이 최고야.)

_____.
일을 마친 후에 맥주만 한 게 없어.

3 _____ do this to me?
너 어떻게 나한테 이럴 수 있어?

_____?
너 어떻게 그걸 잊을 수가 있어?

4 _____ perfume.
네 향수 마음에 든다.

_____.
네 원피스 예쁘다.

5 _____ a photograph.
사진에 속지 마.

_____.
그의 친절에 속지 마.

6 _____ money.

나 돈이 다 떨어졌어.

_____.

나 기름이 다 떨어졌어.

7 _____ laundry detergent.

우리 세제가 다 떨어졌어.

_____.

우리 쌀이 다 떨어졌어.

8 _____ hide.

난 숨길 게 없어.

_____.

나 입을 게 없어.

9 _____ this?

이게 무슨 소용이 있어?

_____?

기다리는 게 무슨 소용이 있어?

10 _____ I lied to you, _____ I didn't love you.

내가 거짓말했다고 해서 널 사랑하지 않은 건 아니야.

_____.

비가 온다고 해서 우리가 놀 수 없는 건 아니야.

---

1 Is it okay if / Is it okay if I open a window **2** There's nothing like / There's nothing like beer after work **3** How could you / How could you forget that **4** I like your / I like your dress **5** Don't be fooled by / Don't be fooled by his kindness **6** I'm out of / I'm out of gas **7** We're out of / We're out of rice **8** I have nothing to / I have nothing to wear **9** What's the point of / What's the point of waiting **10** Just because, doesn't mean / Just because it's raining, doesn't mean that we can't have fun